国語の発問

いいのはどっち？

問いくらべ

山中伸之 著

学陽書房

はじめに

大学を卒業してすぐ、国語の教師として中学校に赴任しました。

1年生四クラスの国語を担当することになりました。どのように授業をすればよいのか分かりませんでした。教科書会社が発行している指導書を事前に読んで、その通りに授業をしました。

一年経つと、指導書を見なくても授業ができるようになりました。それは、授業の腕が上がったからではありません。自分の授業の拙さが気にならなくなったからです。悪い意味での余裕が出てきたのです。時々読んだ教育誌の実践をたまにやって、それで悦に入っていました。

三年目に、若い国語教師が赴任してきました。彼がある日、私に言いました。

「どんなふうに授業を進めたらいいかが分からないのです。どうやったら生徒が発言をするのかが分からないのです。それで、全部自分で説明をしてしまっています。どうしたらいいのでしょうか。」

質問されても、明確に答えることはできませんでした。自分がやっている授業も似たようなものだったからです。

五年目に、一冊の本に出合いました。『斎藤喜博を追って』（向山洋一著、昌平社）。「春」の授業実践に度肝を抜かれました。小学校6年生の国語の授業が、私の担当する中学校3年生の国語の授業を、発言数でも発言内容でもはるかに超えていたのです。

どうすればこのような発問をつくることができるのか。その時から、私は発問について強く意識するようになりました。

その後、教育技術法則化運動を通して野口芳宏先生と出会い、発問についてご教示をいただくと同時に、自分でも発問づくりについて考え始めたのです。

最初は、すぐれた発問でそのまま授業をすることから始めました。やがて、すぐれた発問を真似て、自分でも発問をつくってみました。これは、設定がうまくはまると授業が盛り上がりました。しかし、自分で一から発問をつくるのは相変わらず難しいものでした。

やがて、発問には「内容」と「形式」の二面があり、どちらも重要だという、至極当たり前のことに深く思い至りました。教材を十分に研究した上で、形式を工夫して発問をつくらなければ、よい発問はできないということです。

教材を十分に研究するには「素材研究」が有効で、これが発問をつくる上で絶対に必要です。

発問の形式の工夫は、児童生徒の意欲を高め思考力を養うことにつながります。

本書では主として形式面を述べていますが、形式だけを工夫しても内容が伴わなければ、価値のある発問にはなりません。十分な教材の研究がいつでも基本の部分に必要だということを、頭に置いてご活用いただければ幸いです。

二〇二一年四月

山中伸之

目次

第3章 発問をくらべてどちらがよいか考えよう

おおきなかぶ

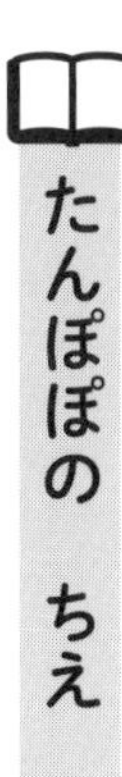

たんぽぽの　ちえ

すがたをかえる大豆

ごんぎつね

大造じいさんとガン

時計の時間と心の時間

第1章

よい発問とはどんな発問か確かめよう

01 考えるべきことが明確であること

発問を質問で返されるのはNG

授業中、子どもたちに発問をした後で、すぐに質問をされることはありませんか。例えば、こんな感じです。

「第一段落では、大豆はどのように説明されていますか。」

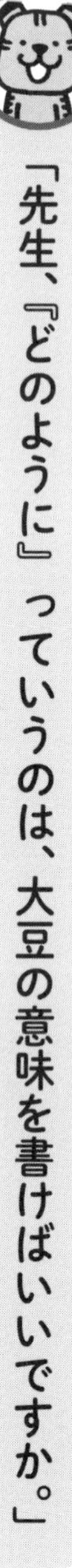

「先生、『どのように』っていうのは、大豆の意味を書けばいいですか。」

このような場合、**子どもは何を考えて答えを出せばいいのかが分かっていません。**答えが分からないのではなく、問題の意味が分からないのです。

この子のように質問をしてくれれば、説明を付け加えて、分からせることができます。しかし、実際には問題の意味が分からなくても質問をせず、黙ったまま何もしない子が多いでしょう。

そのような子にとっては、授業はおもしろくありませんし、学力も高まりません。

何を考えればいいのかが分かる

このように、何を考えたらいいのかがよく分からない発問はよくありません。**よい発問とは、何を考えればいいのかが分かる発問、つまり「考えるべきことが明確な発問」です。**これは、答えが分かりやすいというのとは違います。答えを出すには難しくてもいいですし、答えが間違っていてもいいのです。たとえ答えを出すのが難しくても、出した答えが間違っていても、答えを出すまでの道筋がはっきりしていることが大事です。

02 子どものできそう感があること

できないと思うとやる気も出ない

どんなことでも、「自分にはできそうにもない」と思うと、本気で取り組めません。反対に**「頑張ればできそうだ」と思えると、やる気も出てきます。**発問も同じです。子どもが、「この問題は頑張れば答えられそうだ。」と思えるような発問なら、意欲的に取り組むことができるでしょう。

「宮沢賢治が『やまなし』を書いた理由は何でしょうか。宗教観という言葉を使って答えましょう。」

例えばこんな発問はどうでしょう。宗教観などという子どもたちになじみの薄い・意味の分かりにくい言葉を持ち出されたら、それだけでできる気がしなくなり、やる気がなくなってしまうでしょう。

できそうだと思わせる

右の発問をこのようにすると、考える手がかりができて難易度が下がり、やる気も出てきます。

「宮沢賢治が『やまなし』を書いた理由は何だと思いますか。『命』『信じていること』『大切な思い』という言葉を使って自由に書いてみましょう。」

同じことを問う発問でも、**子どもたちの現状に合わせて難易度を下げる工夫**をすれば、子どもたちの意欲も高まります。

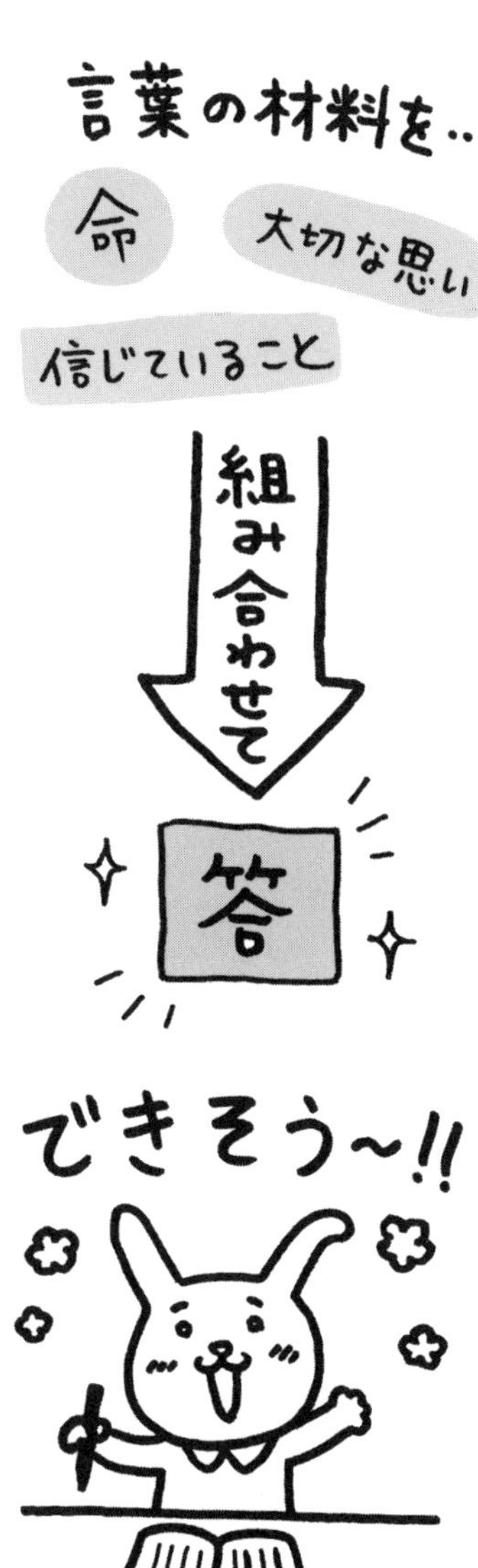

03 深く考えさせること

考えさせない発問とは

発問をされても、答えを考える時間が必要でなく、反射的に答えることができるということが、本当にあるのでしょうか。実はあります。例えばこのような発問です。

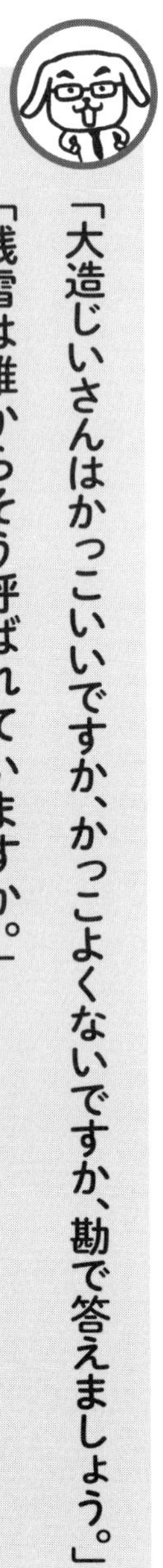

「大造じいさんはかっこいいですか、かっこよくないですか、勘で答えましょう。」
「残雪は誰からそう呼ばれていますか。」

これらの発問はそれぞれ、「かっこいい！」と深く考えずに勘で答えたり、「大造じいさん」と教科書を読めば書いてあったりするので、その部分を見つけるだけで答えられます。このような発問は、子どもの関心を引いたり、教科書がきちんと読めているかを確かめたりする意味で、全くムダというわけではありませんが、**このような発問ばかりだと、子どもたちに考える力がつきません。**

深く考えさせる発問とは

これに対し、深く考えさせる発問は次の通りです。この発問には、勘で答えることはできません。

「大造じいさんがかっこいい場面はどこで、その理由は何でしょうか。」
「残雪と呼ばれるようになった理由が２つあります。何でしょうか。」

教材文に答えが直接書いてあるわけでもなく、**書かれていることを基にして、自分で考えて答えを見つける必要があります。**その結果、子どもは深く考えて答えを出し、考える力が高まるのです。

04 答えが多様であること

一問一答が悪いわけではない

よく一問一答式の発問はよくないと言われます。しかし、子どもたちに発表の機会を与えたり、教材文の内容を確認したりするために発問することもあり、そこまで悪いわけではありません。

それなのによくないと言われる理由は、やはり子どもたちの思考が深まらないからです。例えば、

「ごんが盗んだのは何ですか。」

という発問の答えは「うなぎ」しかありませんので、これは一問一答式の発問です。

この場合、子どもたちはそれ以上考えませんし、誰かが「うなぎ」と答えたりつぶやいたりすれば、**そこで考えることをやめてしまいます。**

答えが多様なら考える

右の発問に対して、このような発問の答えは一つではありません。

「ごんが兵十（ひょうじゅう）に、うなぎを盗んだと思われたのはなぜですか。」

誰かが答えても、それとは違う考えの子もいますし、違う理由を積極的に考えることもできます。**答えが多様に出るような発問は、子どもたちが考えることをじゃましません。**むしろ、子どもたちが考えることを促してくれます。その結果、子どもたちに思考力が育ってくるのです。

05 子どもが正誤を判断できること

正誤を判断できるとは

正誤を判断できるというのは、子どもたちが、他の子の答えが正しいか間違っているかを判断することができる、ということです。

これはあくまでも、判断することができる、というところがポイントです。**その判断が正しくなくてもいいのです。**例えば、こんな発問と答えがあったとしましょう。

「大造じいさんと残雪は、何回知恵くらべをしましたか。」

「3回！」

この時、他の子たちはそれぞれ自分の答えとくらべることで、「3回」が正しいかどうかを判断す

ることができます。

正誤が判断できると討論になる

他の子の答えが間違いだと判断した子がいれば、間違いだと判断した根拠を述べてもらいましょう。すると、その根拠に対して、正しいと判断した子から反論が述べられます。こうして討論になっていきます。

討論をするためには、相手の考えが間違っている理由や、自分の考えが正しい理由を考えなければなりません。その結果、子どもたちが考える機会が増え、思考力が高まります。このように、**子ども同士で判断の違いを話し合えるような発問を、できるだけ多くしていく**ことが大切です。

06 分かりやすい（短くズバリな）内容にすること

分かりにくい発問には答えにくい

「分かりにくい発問」とは、答えが難しいのではなく、**問題の意味が分かりにくいということです。**

例えばこんな発問です。

「じいさんがぬま地に姿を現すと、大きな羽音とともにガンの大群が飛び立ちましたと書いてあって、その時じいさんは、『はてな。』と首をかしげているのですが、釣り針をしかけたあたりにエサをあさった形跡があるのに、今日は一羽も針にかかっていないことを知って、『はてな。』と思ったのではないのですが、そのことがどうして分かるのか、分かる理由を考えてみましょう。」

例えばこの発問が何を聞いているのか、ちょっと読んだだけでは分かりませんね。これでは答えようがありません。

短く言うと分かりやすい

分かりやすくするコツは、短く言うことです。または短い文を重ねて言うことです。例えば、右の発問は、このように、全体を短くしたり一文を短くしたりすると、分かりやすくなります。

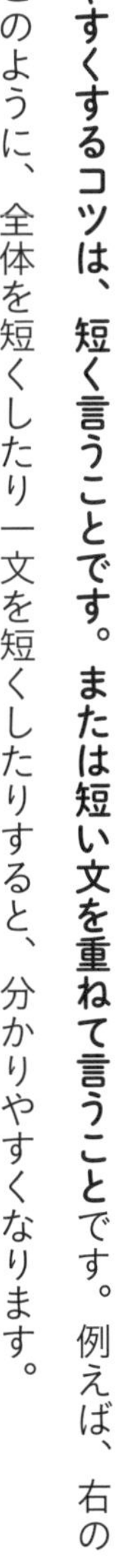

「じいさんは、『はてな。』と首をかしげました。これはガンが一羽も針にかかっていないことをふしぎに思ったからではありません。そのことが分かる表現があります。それはどれでしょうか。」

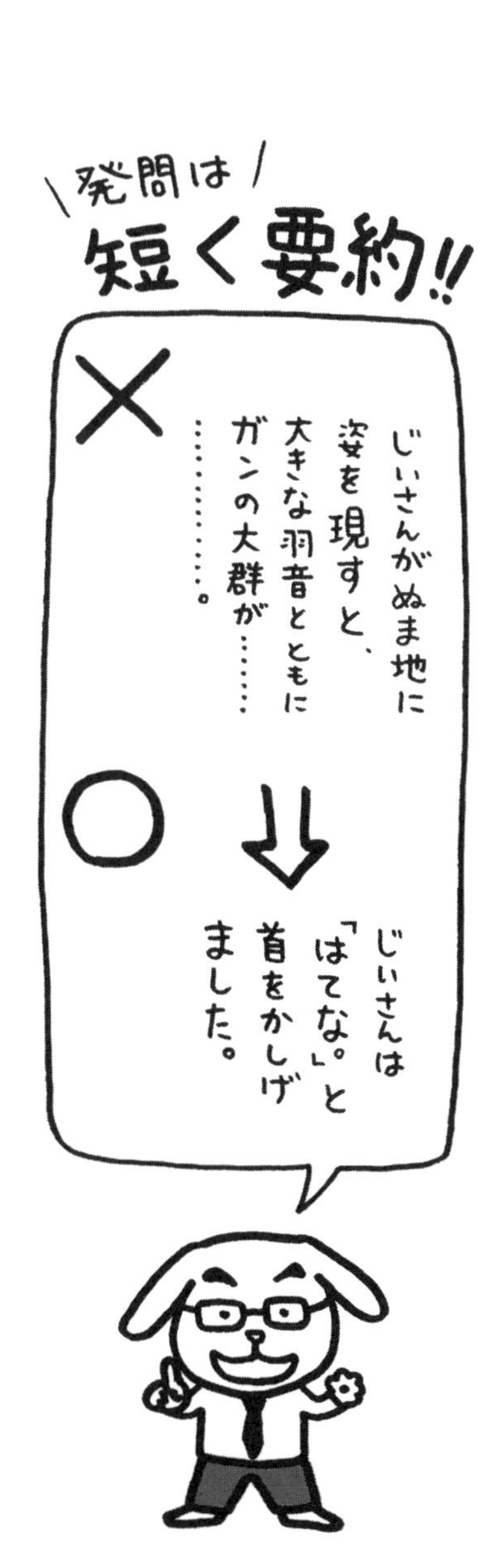

07 新たに分かる、気付かせること

分かることは大事なこと

当たり前過ぎることですが、「分かる」ということは、授業にとってとても重要なことです。一時間の授業の中で、子どもがそれまで分からなかったことが分かったり、それまで気付かなかったことに気付いたりすることができたら、授業が有効だったということになります。

ということは、**発問をすることで、子どもたちが分かったり気付いたりすることができれば、それはよい発問だ**といえます。例えばこんな発問です。

「『ごんは、二人の話を聞こうと思って、ついていきました。兵十(ひょうじゅう)のかげほうしをふみふみ行きました。』とありますが、兵十のかげぼうしはどれくらいの長さだったでしょうか。」

このように発問をすると、子どもたちは初めて、兵十のかげぼうしの長さを考え始めます。そして、その長さがそれほど長くはないだろうということに気付きます。ごんはそのかげぼうしを踏みながら、二人の後を付いていったのです。兵十とごんとの間の距離は相当近かったということが分かります。

問われて初めて気付く

子どもたちは、普段は文章をそれほど注意深く読んでいるわけではありません。**問われて初めて気が付くことも多い**ものです。発問には、このように、それまで気にもとめていなかったことに目を向けさせるという機能があります。

08 間違いに気付かせる、思い込みをゆさぶること

子どもは読み間違うもの

子どもたちはよく読み間違いをします。しかもそのことに自分では気が付きませんから、**読み間違いを指摘してあげないと、ずっと間違ったまま**になってしまいます。

例えば、次のように発問をしたとします。

「『ごんは、見つからないように、そうっと草の深い所へ歩きよって、そこからじっとのぞいてみました。』と書いてありますが、ごんはどうして見つからないようにしたのでしょうか。」

すると、「いたずらをしたいから。」と答える子がいます。

本当は、村人にいたずらばかりしているごんは、（村人にとっては退治したいきつねですから、）見つかるとひどい目に遭うので警戒しているのです。しかし、後に書いてある「ちょいと、いたずらがしたくなったのです。」という文を読んで、そう思い込んでしまうのです。

読み間違いは正す

読み間違いは正さなければなりません。前のような発問は、**子どもが読み間違いそうな部分、子どもが読み間違うであろうと予想した部分を問う**ています。このような発問をすることで、子どもが読み間違いに気付き、読み間違いが正されます。

子どもは読み間違うものです。その読み間違いに気付かせ、正しく読み取らせる発問がよい発問だといえます。

09 読みが深まる、統合されること

断片的な読み取りに対して

子どもたちの理解が断片的なことがあります。切れ切れでばらばらで、つながりがない読みということです。例えば、このように発問をします。

「おとりのガンを使った作戦を、大造じいさんはいつ思いつきましたか。」

これに対し読みが断片的な子は、物語の初めの部分とのつながりが理解できていない読みをします。

「おとりのガンがどんぶりからえを食べているのを、じっと見ていた時」

物語の初めの部分の、大造じいさんがガンを生きたまま手に入れた場面に「生きているガンがうまく手に入ったので」と書いてあります。生きているガンを手に入れようとして、それが「うまく」いったわけです。つまり、初めにガンを手に入れた時に、大造じいさんはおとりのガンを使う作戦を考えていたのです。

関係づけて読ませる

このように、文章の読み取りでは、離れた二ヶ所を関係づけることが必要になることがよくあります。**ばらばらになっている子どもたちの読み取りの内容を、相互に関連させるような発問をする**ことで、読みを統合するという視点を持たせることができます。部分部分でしか文章内容が理解できておらず、通してではなく**切れ切れだった読み取りが、関係づけられつながっていくと、読みがより深まり確かなもの**になります。

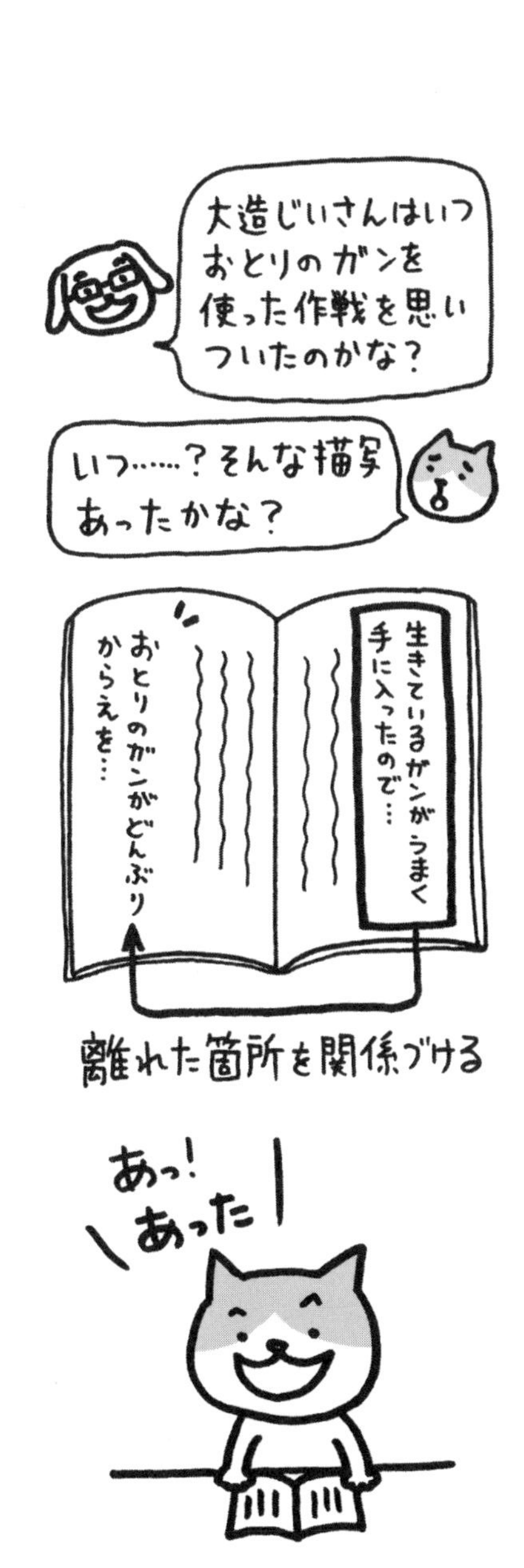

10 読みの技能が向上すること

自力読みにつなげる

算数の「速さ」の学習は、子どもたちがつまずきやすいところの一つです。一緒に学習を進めている時にはできても、自分一人で問題を解こうとすると、なかなか解けない子が多いものです。でも、何とか一人で問題を解けるようになってほしいですよね。

国語の読み取りの学習もこれと同じです。**最終的な目標は、子どもたちが自分一人で文章内容を読み取ることができるようになること**です。

そのためには、子どもたちが自分一人で文章内容を読み取るための技能に触れる、発問に答える体験を重ねることで身に付けさせ、それを向上させるように指導していかなければなりません。

教科内容を教える

教材内容とは、取り扱う教材の内容です。

これに対して、教科内容とは、その教科で身に付けるべき学習内容です。

「ごんぎつね」の授業で、ごんの性格を考えたり、兵十の気持ちを考えたりすることは、「ごんぎつね」という教材の内容を学んでいることです。これに対して、叙述に沿って読み取ったり、情景と登場人物との心情との関わりを考えたりすることが教科内容です。

教科内容を意識した発問をしていくことで、子どもたちの読みの技能が向上します。

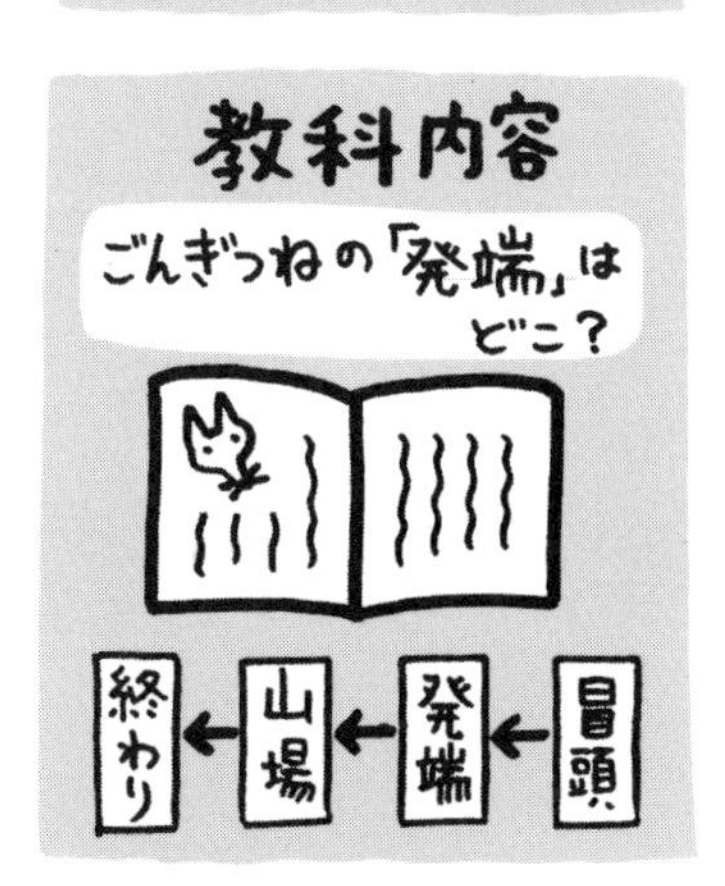

11 他の教材に応用できること

教科内容を問う発問とは

前項と関連しているのですが、読みの技能を向上させるためには、教材内容を問う発問だけではなく、教科内容を問う発問をしなければなりません。教材内容を問う発問とは、次のような発問です。

「ごんは、なぜうなぎの頭をかみくだいて草の葉の上に置いたのでしょうか。」

これは、まるっきり教科内容と関わりがないわけではありませんが、「ごんぎつね」という教材内容に深く関わる発問です。これに対して教科内容を問う発問とは、次のような発問です。

「『ごんぎつね』を冒頭―発端―山場―終わりに分ける時、発端はどこですか。」

これは、「ごんぎつね」という教材にもちろん関わっていますが、**物語の構造とか、発端という学**

習用語を用いていて、**国語科の教科内容に深く関わる発問**です。

他の教材でも使えるか

教科内容を問う発問は、簡単に言ってしまえば、その発問が他の教材でも使えるかということです。

教材内容を問う発問は、他の教材で使うことは難しいでしょう。これに対して、教科内容を問う発問は、他の教材でも使うことができます。

授業では、**教材内容を問う発問と教科内容を問う発問を組み合わせます。**他の教材に応用できる教科内容を問う発問が、子どもの自力読みの力を高めます。

どの教材にも使える

万能発問リスト

- 「主人公」「対役」を問う

例：「ごんぎつね」の主人公は誰で、対役は誰ですか。

- 学習用語を問う

例：「兵十だな。」のように、心の中の言葉をなんと言いますか。

例：「もずの声がキンキンひびいていました。」の「キンキン」のように音や声を表す言葉を何と言いますか。

COLUMN 01

子どもはどんな発問でも答えようとする

ネットで検索をするとします。検索窓に「週末　レジャー」と入力すれば、週末にできるレジャー、週末に行ける観光地などが次々に表示されます。また、「教員　指導力　セミナー」と入力すれば、指導力向上のためのセミナーが表示されます。

つまり、**問えばその答えが表示される**ということです。

脳の仕組みもこれと同じです。「学力低下の原因」を考えれば、学力が低下した原因を脳は答えます。「学力向上の方法」を考えれば、学力を向上させるための方法を脳は答えます。

つまり、**脳は問われたことの答えを考えるようにできている**というわけです。

授業での発問もこれと同じです。**子どもたちの脳は、問われたことの答えを出そうとします。**

例えば「ごんはなぜ山の中に穴をほって住んでいたのでしょうか。」という、物語の鑑賞にも、読解技術の向上にもほとんど関係のない発問をしたとします。子どもたちはこのような意味のない発問にも、一生懸命考えて答えを出します。

・村人に見つからないように
・いたずらがしやすいように
・山の中がすきだから

などです。

子どもたちから意見が活発に出ているからといって油断していると、子どもたちに何の力も付いていなかったということになりかねません。

子どもたちにムダな読み取りをさせないためにも、**発問を吟味して授業に臨みたい**ものです。

第2章

よい発問のつくり方をマスターしよう

01 基本の方程式
読みの理想状態ー子どもの現状

子どもの現状を想像する

よい発問について、第1章で11の項目を述べてきました。すべての項目について共通することは、「子どもの読みの力を向上させる」ということです。これこそがよい発問の条件です。

ということは、よい発問をつくるためには、まず子どもの読みの現状を把握しなければなりません。現状が分からないと、向上したのかどうかも分からないからです。

では、どのようにして子どもの現状を把握すればよいのでしょうか。それは学級担任、教科担任としての目で見て判断するということです。

子どもの現状を子どもの姿から想像するということです。ここは気付かないだろう、ここは読み間違っているだろう、と当たりを付けることです。

その程度でいいのかと思われるかもしれませんが、その程度でいいのです。

読みの理想状態を把握する

読みの理想状態とは、子どもに「ここまで読めてほしい」と先生が思う理想の状態のことです。その学年としての理想、自分の学級の子どもとしての理想です。すると、読みの理想状態と子どもの現状との間に差があることに気が付くでしょう。

この差を埋めていくこと、縮めていくことが授業です。その方法の一つが発問ということになります。

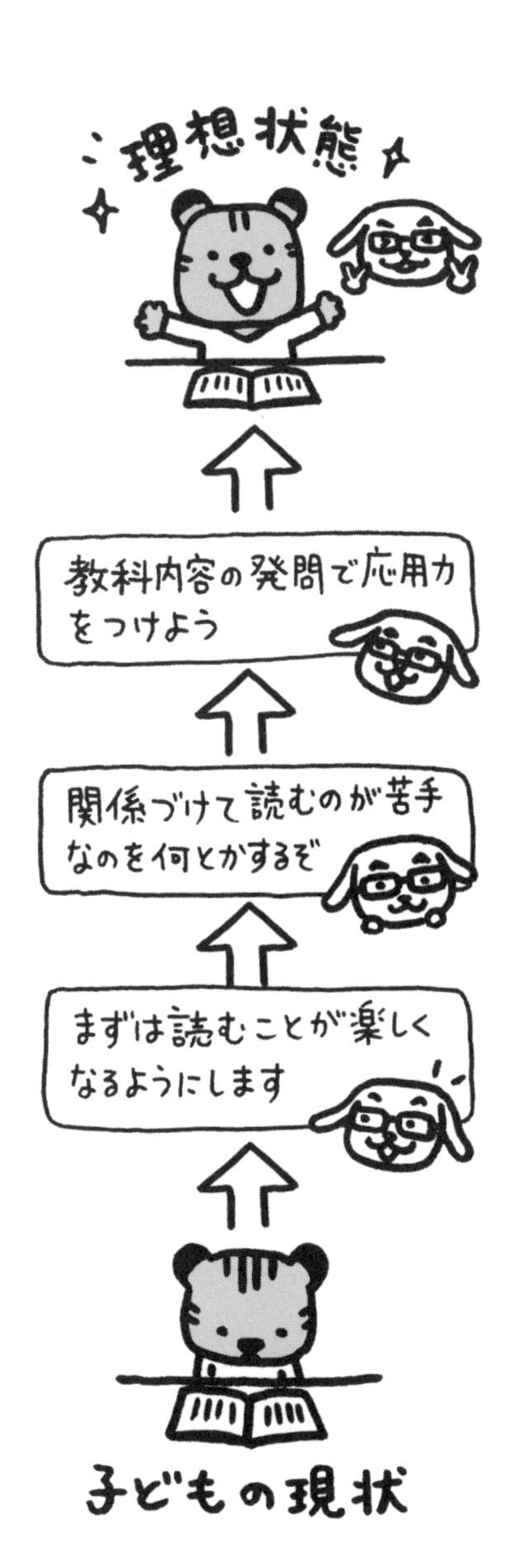

02 素材研究で読みの理想状態をつかむ

素材研究とは

先生ならば誰でも知っている言葉に「教材研究」があります。文字通り、教材を研究することです。でも、その方法はあまりよく分かっていませんね。特に国語の教材研究は分かりにくいです。

教材研究は、次のように三層に分けることができます。

最下部　素材研究
中間部　指導事項（内容）研究
最上部　指導法研究（発問・作業など）

この最下部のところ、土台となるところが素材研究です。**しっかりとした素材研究の中から、指導すべき事項を選定し、それを発問や作業として授業で行うというのが手順**です。

素材研究のやり方

素材研究は、その作品や文章を、先生という立場をいったん離れて、一人の人間として純粋に読むという行為です。先生として読んでしまうと、どうしても授業をする上での読み方に偏ってしまい、見落としてしまうことも多くなってしまうからです。

「子どもには難しい」「そこまで教える必要はない」などと読みを制限しないで読むような、詳細な素材研究をすることで、読みの理想状態をつかむことができます。

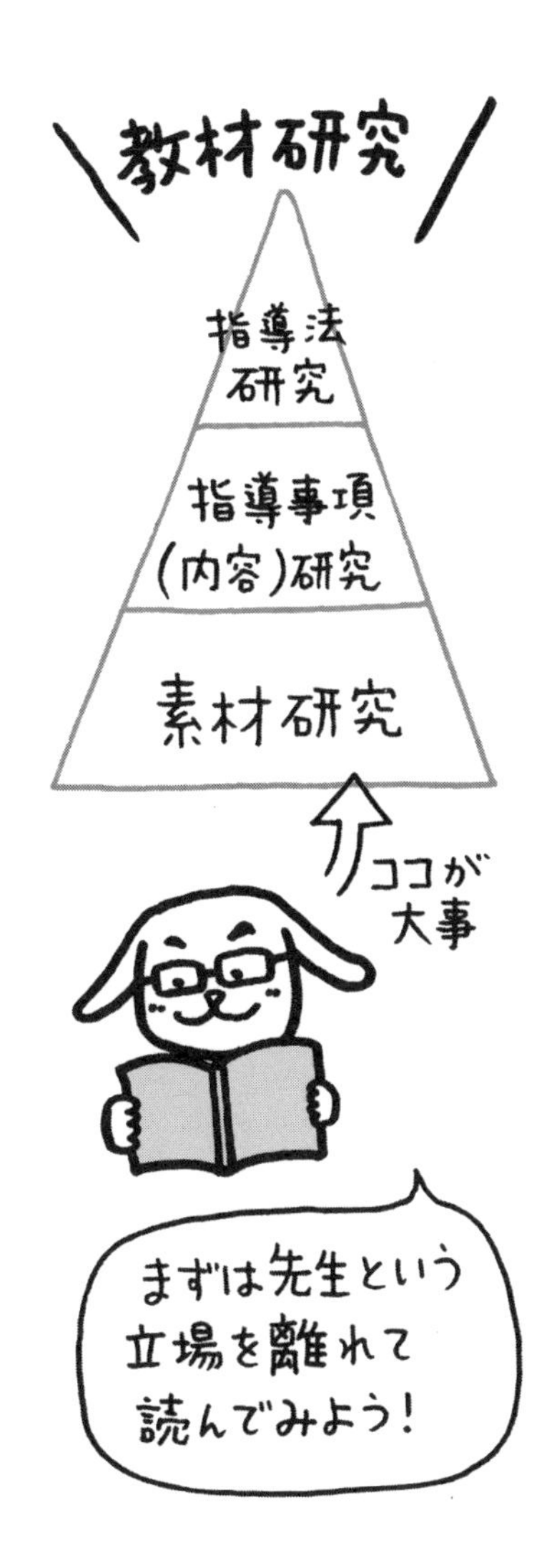

03 読み過ごし、読み誤り、読み足らずをさがす

子どもの読みの現状とは

前項で、子どもの読みの現状を把握することが大事だと述べました。子どもの読みの現状を把握するとは、次の3つを把握することです。

1 読み過ごし――子どもが気付かずに読み過ごしている（読み飛ばしている）部分や内容
2 読み誤り――その部分に気付いてはいるが、誤って理解している部分や内容
3 読み足らず――その部分に気付いてもいるし誤ってもいないが、理解が断片的だったり表面的だったりする部分や内容

素材研究を十分に行ったら、自分の学級について右の3つの部分を把握します。**自分の学級の子どもたちはここには気付かないのではないか、この部分は間違って読み取る子が多いだろう、ここは分**

かっているだろうが前の部分と関連して考えてはいないだろう、などいろいろと思いをめぐらします。

スクリーニングして指導事項を決める

指導事項を決めるために、素材研究の結果をいくつかのスクリーン（ふるい）にかけます。

一つめは、前述の通り子どもの「読み過ごし」「読み誤り」「読み足らず」の部分かどうかというものです。

2つめは、学習指導要領の指導内容に沿っているかどうかということです。

3つめは、自分の育てたい子ども像に近づけるために必要かどうかということです。

この3つのスクリーニングを通して、指導事項を決定します。

04 発問はつくらずに加工する

発問はつくらない

発問づくりの本なのに、「発問はつくらない」とはどういうことでしょうか。皆さんは発問について、「何もないところから自分の読み取りを駆使してつくり出すもの」というイメージを持っていると思います。

しかし、私の発問づくりはそうではないのです。私の発問づくりは、

「指導事項を発問に加工する」という作業

にしか過ぎません。

指導事項が決まってしまえば、後はそれをいい案配に加工するだけです。

発問の内容はすでに決まっている

素材研究をしっかりとやると、一つの文章からかなりの数の問いが生まれます。文字通り「問い」が生まれるのです。つまり、それは発問の元なのです。

でも、それをそのまま出したのでは、子どもたちの口に合いません。ちょうど、素材をそのまま食べさせるようなものです。素材を調理することによって、口に合うおいしい料理として提供できるようになるのです。

素材研究の結果を問いへと加工することによって、子どもたちが受け取りやすい発問として提示できるようになるのです。

指導事項

- 「しゃがむ」と「座る」の違いは何か。
- ごんはどうしてここで「ちょいと、いたずらがしたく」なったのか。
- もずの声のキンキンは擬声語か？

＋

おもしろスパイス

ひつ薬

時事ネタ

発問

05 選択肢を示す

選択式は答えやすい

発問が難し過ぎて、子どもたちが手も足も出ないというのでは、授業は成立しません。しかし、子どもの理解力や思考力に差があるのは事実です。同じ発問でも、子どもによって易しいと感じたり難しいと感じたりすることがあるでしょう。難しいと感じる子にとっては、手も足も出ないということにならないとも限りません。

そういう状況にならないようにするには、選択式の発問にするとよいでしょう。

選択肢の中からどれかを選ぶという発問ならば、理由がはっきりしなくて、勘によるものだとしても、誰でも選ぶという活動はできます。**おもしろいもので、自分の立場をはっきりさせてみると、他の人は何を選択したのか、なぜ選択したのかが気になってきます。**

その結果、授業により積極的に参加するようになります。

二択が最もよい

選択式の発問の中でも、二択の発問がもっともよい発問です。**選択が容易にでき、構図が分かりやすく、討論になりやすいからです。**例えば、次のような発問です。

「大造じいさんが『はてな。』と首をかしげたのは、『A　聞いたことのない音がしたから　B　音がするはずがないと思ったから』のどちらですか。」

このように問えば、誰もが授業に参加することができます。

06 ○か×かと問う

○×は正誤をイメージしやすい

○か×かを問うのは、前項の選択式の問いの仲間です。前項の選択肢には、文章から読み取った内容や読み取るべき内容が示されていましたが、○×を問う発問の選択肢は、○×だけです。

ただし、子どもたちにとって○と×は、特別な意味を持っています。テストの問題でも何でも、○は正答で×は誤答だということです。ですから、直感的に○は正解で×は誤りと分かります。このことを活用して発問をします。子どもたちに正誤の判断をさせたい場合に、○か×かを問うということです。

例えば、次のようにです。

「村人は、ごんをかわいそうな小狐だと思っている。○か×か。」

注意深く聞かせたい時にも有効

次のように、○×を問う発問は、ある子の発言を注意深く聞かせたい時に使うこともあります。

「今から、山中さんの考えを発表してもらいます。山中さんの考えを聞いて、なるほどそうだと思う人は○、いや違うと思う人は×を書きましょう。」

前もってこのように**指示**をしてから発言をさせることで、子どもたちはより深く聞いて判断しようとするのです。

正誤の判断をさせたい時

初めの部分は段落１と２
だと思う人は○
違うと思う人は×

ごんが兵十にいたずらをしたのは仲良くなりたいから
だと思う人は○
違うと思う人は×

残雪は登場人物
だと思う人は○
違うと思う人は×

筆者は「心の時間の方が大切」だと考えている
と思う人は○
違うと思う人は×

07 限定して問う

限定された方がよく考える

「今の学級の様子を自由に書いてください。」と言われたら、思いつくままに様子を書きますが、

「今の自分の学級の様子を二字熟語で書いてください。」

と言われたら、自由に書くというわけにはいかず、考え込むのではないでしょうか。このように限定されると、何でも自由にやる時よりも考えることが多くなります。

何かを限定した発問は子どもたちに考えることを促すということです。例えば、こんな発問です。

「大造じいさんの気持ちが表れている情景描写はどれですか。」

この発問では、情景描写と限定しています。国語の授業では、思考力を高めることも大きな目標の一つですので、時には限定した発問でより考えさせることも大切です。

限定するとぶれが少ない

さらに、限定した発問の答えはぶれが少なくなります。限定することで、答えの範囲が狭くなりますから、答えの数も少なくなります。また、答えの内容も限定されます。

子どもたちに自由に答えさせた時に、ともすると答えが多様になり過ぎて、扱いに困ることがあります。**思いつきで答えてしまい、文章に即した妥当な読みに至らないことが多い**のです。

08 数を問う

数は特別な感覚

数を問う発問は、前項の限定して問う発問の仲間です。「○○な場面は3つありますが、どこですか。」や「△△はいくつありますか。」といったように、数を限定して問うわけです。

ところで、数は子どもたちにとって特別な感覚があります。それは、非常に身近で分かりやすいということです。ですから、**数を問う発問は、限定して問うことの良さに加えて、分かりやすいというよさも兼ね備えています。**

例えば、次のような発問です。

「ごんはうなぎのつぐないを何度しましたか。」

「ごんがうなぎをいたずらしてから、兵十に撃たれるまでに何日たっていますか。」

答え方を限定する

数を問う発問は、答え方を限定するために数を用いることもあります。次のような発問です。

「大造じいさんが残雪をあなどっていることが分かる表現が３つあります。それはどこでしょうか。」

このように問われると、子どもは**何とか３つを探そうとして一生懸命に本文を読むでしょう。**

09 言葉について問う

語彙を豊かにするために

語彙を豊かにすることは、国語科の大きな目標の一つです。語彙を豊かにするためには、より多くの言葉を知ることや使うことが必要です。国語の授業の中で、より多くの言葉に触れさせるには、その都度、関連する言葉を取り上げて教えたり、調べさせたりするとよいでしょう。

そのために、**文章の理解とは直接関係がない場合もありますが、語彙を豊かにするための発問も加えていくことが必要**です。語彙を豊かにするための発問には次のようなものがあります。

「かりゅうどを漢字で書くとどういう字ですか。」――漢字の表記
「残雪とはどういう意味ですか。」――言葉の意味
「真っ白の真のように、言葉の頭に付く言葉を何と言いますか。」――国語科の学習用語
「『わくわくする』を漢語で表すとどうなりますか。」――漢語と和語

「うなぎつりばりの上位語は何ですか。」――上位語、下位語
「一羽のように、何かを数える言葉は他にどのようなものがありますか。」――系列語

無計画でよい

語彙を豊かにする発問は、計画的に準備できればそれに超したことはありません。しかし、言葉というものは、授業をしている時に突然思い付くことも多いのです。**計画にこだわらず、思い付いた時に教えることも必要**です。

10 確認のために問う

分かっているはずと思わない

以前は、教材文を数回読めば、だいたいの内容や粗筋などは頭に入っていることが多かったのですが、最近の子どもはそうではないことがあります。ＳＮＳのように、子どもの生活にも単語や短文による伝達が増えてきて、長い文や文章の内容をうまくつかめなくなっているという研究もあります。

登場人物を確認したり、粗筋を追ったりすることなどは、低学年ならまだしも、高学年では、以前ならごく簡単に触れるか、特に確かめることもせずに授業を行っていました。しかし最近では、**高学年でもこれらを確認しておかなければ、読み取りをする上での共通理解ができないこともあります。**

こんなことは分かっているはずだ、と思わずに、基本的な内容を確認する発問が必要になっています。

書いてあることを確認する

どのようなことを発問するかと言うと、それは**文章に書いてあり、読めば分かること**です。普通は

「文章には書いていないが、読めば分かること」を発問するのですが、それを一つひとつ確認していきます。例えば次のような発問です。

「ごんがしたいたずらにはどのようなものがありますか、3つ書きましょう。」
「ごんはうなぎが食べたかったのですか。」
「ごんは何のために、いわしを兵十の家に投げ入れたのですか。」

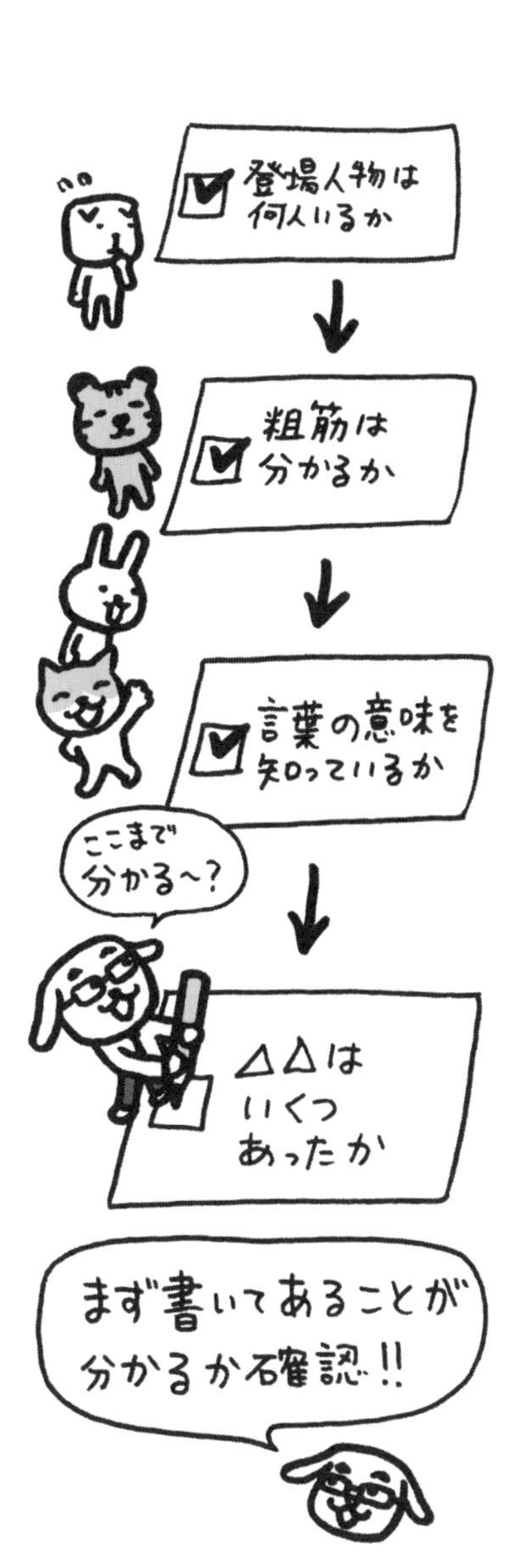

COLUMN 02

子どもたちに発問をつくらせる

問えば考え、何らかの答えを出すように、人間の脳は働いています。ということは、その時その場に応じて的確に問えば、的確な答えが導き出される可能性が高いということになります。つまり、**的確に問うことがまず大事**だということです。

文章を読むということは、文章に応じた問いがつくれるかということと同じです。文章に応じて問うことができれば、読み取ることもできます。自力読みとか一人読みなどといわれる読み方は、結局は「自問自考」「自問自答」なのです。

子どもたちが自ら的確な問いをつくり、自ら考えて答えを出せるようになれば、一人で読むことができるようになったと言ってよいでしょう。そうなれば、教師が教えることはかなり減ってくることになります。**問題は、子どもたちに適切な問いがつくれるか、ということ**です。

以前、担任していた５年生に物語文の発問をつくらせたことがありました。子どもたちは予想以上にたくさんの発問をつくっていました。

・この物語の設定をノートに書きなさい。

・主人公は誰ですか。

・大造じいさんと残雪を対比させて考えると、どちらが立派ですか。

などです。

これらは、それまでの国語の授業の中で、私が問うた発問に似ているものでした。つまり、**子どもたちはそれまでの授業で経験した発問を基に、発問をつくっていた**ことになります。

自力で読むためには、自力で読む力を子どもたちに付けさせる必要があります。それは授業で培わねばなりません。

第3章

発問をくらべてどちらがよいか考えよう

おおきな　かぶ

おじいさんがかぶのたねをまき、
言葉をかけながら育てたところ、
とてもあまく、おおきなかぶになった。
おじいさんはかぶを抜こうとしたが、
かぶが大きすぎてなかなか抜けない。
そこでおじいさんはおばあさんと協力して
かぶを抜こうとする。しかし、それでも
かぶは抜けない。
協力者はやがて、孫、犬、猫、
ねずみと増えていき、最後にやっと
かぶは抜ける。
かぶを抜く時のかけ声
「うんとこしょ、どっこいしょ。」
という台詞が何度も繰り返される
楽しい作品。

低学年の物語文教材で発問をつくる上でのポイント

場面の様子や登場人物の行動について、
書かれてはいないけれども、想像できることについて問う。

場面の様子や登場人物の行動について、
書かれてはいないけれども、文章を読めば分かることについて問う。

身近なことを表す言葉や言葉の意味、主語と述語、
修飾語と被修飾語との関係などを問う。

1年

おおきな　かぶ

繰り返しの効果に気付かせる発問

かぶのたねをまいたおじいさんは、そのかぶのたねに「あまい　あまい　かぶになれ。おおきな　おおきな　かぶになれ。」と声をかけます。

A 発問

「おおきな　おおきな　かぶになれ。」は2回言わないとダメですか。

B 発問

なぜ「あまい　あまい」「おおきな　おおきな」と2回繰り返し言っているのでしょうか。

ヒント　隠れ二択問題に。

＼答え／

A　「おおきな　おおきな　かぶになれ。」は2回言わないとダメですか。

解説

選択式の発問が答えやすい

Aは、第2章5節で紹介した形式とはやや異なりますが、選択式の発問になっています。

Aの発問を、分かりやすく選択式の発問に書き換えると、次のようになります。

「次のどちらの表現の方がいいでしょうか。
①　おおきな　おおきな　かぶになれ。
②　おおきな　かぶになれ。」
こうした選択式の発問の方が、子どもたちはイメージしやすいのです。

POINT

低学年の頃は二択の問題の方が答えやすいのです。

価値に気付かせる発問

なかなかかぶが抜けないので、おじいさん、おばあさん、孫、犬、猫と、どんどん、ひっぱる人や動物が増えていきます。そして、最後のねずみが加わって、とうとうかぶは抜けます。

A 発問

かぶを抜くお手伝いは、ねずみが最初ではダメですか。

B 発問

小さいねずみの力は、いりますか、いりませんか。

ヒント どちらも選択式発問ですが……。

＼答え／

Ａ　かぶを抜くお手伝いは、ねずみが最初ではダメですか。

解説

高度な間接的発問

Ａの発問もＢの発問も、どちらも○か×かという二択の選択式の発問で、子どもが答えやすい発問です。ですから、どちらも「あり」のように思えますが、少し違います。

Ａの発問の理由を考えさせると、子どもたちはねずみの力が必要だということに気付きます。**これは、気付かせたいこと（ねずみの力が必要）を直接問わずに気付かせる間接的な発問**です。加工が高度な発問ですが、直接的な発問より、間接的な発問は子どもたちの思考を深く促します。

挑戦してみるとよいでしょう。

POINT

間接的な発問は、気付かせたいことを発問に含めずにつくります。

1年

おおきな　かぶ

音読を通して読みを深めさせる発問

最初はおじいさんが一人で「うんとこしょ、どっこいしょ。」と声をかけてかぶを抜こうとしますが、かぶは抜けません。その後かぶを抜く人や動物が増えていき、そのたびにかけ声がかかります。

A 発問

6回ある「うんとこしょ、どっこいしょ。」はすべて同じ読み方でいいですか。

B 発問

6回出てくる「うんとこしょ、どっこいしょ。」はどのように読むといいでしょうか。

ヒント　音読の仕方を考えさせる発問は。

＼答え／

A　６回ある「うんとこしょ、どっこいしょ。」はすべて同じ読み方でいいですか。

解説

Aは選択式＋間接的な発問で答えやすい

Aは今までにも出てきていますが、「同じ読み方でいいか、悪いか」といった二択の発問で、子どもが答えやすいです。加えて、同じ読み方でいいかどうかを考えれば、当然誰が言っているかを考えることになるので、間接的な発問ともいえます。

Bも読み方を問うていますが、「どのように」という問いに答えるには、様子や読み方を表す語彙が（ある程度）必要になり、語彙の少ない子には答えにくいのです。

POINT

子どもたちの語彙量によっても答えが変わることがあります。

語順による効果を考えさせる発問

光村図書の教科書では、「〜を〜がひっぱって」という表現で統一されています。通常の文なら「〜が〜をひっぱって」と、主語が先に来ます。それをわざわざ「〜を〜が」という語順にしています。

A 発問

「ねこを　ねずみが　ひっぱって。」と「ねずみが　ねこを　ひっぱって。」では、イメージは同じですか。違いますか。

B 発問

ねこをねずみがひっぱっている様子を絵にするとどんな絵になりますか。描いてみましょう。

ヒント 表現の違いがはっきりするのはどの視点か。

Ａ「ねこを　ねずみが　ひっぱって。」と「ねずみが　ねこを　ひっぱって。」では、イメージは同じですか。違いますか。

解説

「語順」という教科内容

Ａの発問は、「語順」による表現効果の違いを問う発問です。これは「おおきな　かぶ」の教材内容でもありますが、「語順」という国語科の教科内容でもあります。第１章10節や第１章11節で紹介した教科内容を教えるという視点はいつも持っておいた方がよいのです。

絵を描かせるのは低学年の授業ではよくある活動です。しかし、ただ絵を描かせるだけでは学びにはつながりません。

POINT

形象（姿・形）を想像させることは大切な指導です。

おおきな　かぶ

登場人物の心情を想像させる発問

かぶをひっぱる人が、おじいさん一人から、だんだん増えていきます。そして最後に「とうとう、かぶはぬけました。」で終わり。この場面でのおじいさんの心情を考えます。

A 発問

おじいさんがいちばん「ありがとう」を言いたいのは誰ですか。

B 発問

登場人物の中で、皆さんは誰にいちばん「ありがとう」と言いたいですか。

ヒント　自分で見るか、おじいさんを通して見るか。

＼答え／

B　登場人物の中で、皆さんは誰にいちばん「ありがとう」と言いたいですか。

解説

感情移入がしやすい

Bの発問は、「皆さんは」と子どもたちを主語にして問うています。問われた子どもたちは「自分だったら誰かなあ……」と、当事者意識を持って考えます。当事者意識を持った方が感情移入がしやすいので、答えやすくなります。そのため、Bの発問の方がいいでしょう。

自分の考えを述べることになるのですが、低学年の子どもたちの場合、子どもたちの視点とおじいさんの視点が大きく異なることはあまりありません。自分のこととして考えても、おじいさんの心情に寄りそった答えになるでしょう。

POINT

「登場人物」という学習用語を提示するのもよいことです。

広い視野で読み取らせる発問

かぶをひっぱる人が、おじいさん一人から、だんだん増えていき、最後にとうとう抜ける場面。ここでは、「分かりやすさ」より「広い視野」を持たせることを目的とします。

A 発問

なぜ大きなかぶを抜くことができたのでしょうか。

B 発問

おじいさんは、かぶが抜けて何と言ったと思いますか。

ヒント　物語のテーマを、広い視野で読み取らせるには。

＼答え／

A　なぜ大きなかぶを抜くことができたのでしょうか。

解説

広い視野で読み取る体験を

Bの発問の方が具体的に考えることができ、子どもたちは答えやすいです。いろいろな答えをおじいさんになって発表させることで、授業としても盛り上がります。おじいさんの心情を読み取ったり想像したりすることもできますね。

これに対してAの発問は、やや答えにくいかもしれません。ただ、物語のテーマに関わる問いで、物語全体を広く見ることが必要な発問です。時にはこのような問いで、広い視野で読み取る体験をさせてもいいでしょう。

POINT

Aの発問がうまく機能しない場合にBを発問してもいいかもしれません。

たんぽぽの　ちえ

たんぽぽがたねを遠くまで運ぶために
行うことを説明する説明文。
たんぽぽは、花が咲いて二、三日たつと、
花がしぼんで黒っぽくなる。
これはかれたのではなく、じくを休ませ、
たねに栄養を送っている。
やがて、白いわた毛ができる。
わた毛はらっかさんのようにふわふわと飛ぶ。
わた毛ができる頃になると、
じくは再び起き上がり、さらに伸びていく。
わた毛が風に吹かれて、
たねを遠くまで運びやすいからだ。
よく晴れた風のある日に、
遠くまで飛んでいく。
湿度の多い日や雨の日はすぼんでいる。

低学年の説明文教材で発問をつくる上でのポイント

時間的な順序や事柄の順序など、
順序を表す言葉やその書き表し方について問う。

2

文章中の大事な言葉や重要な文は
どれかを考えさせるように問う。

3

身近なことを表す言葉や言葉の意味、
主語と述語、修飾語と被修飾語との関係などを問う。

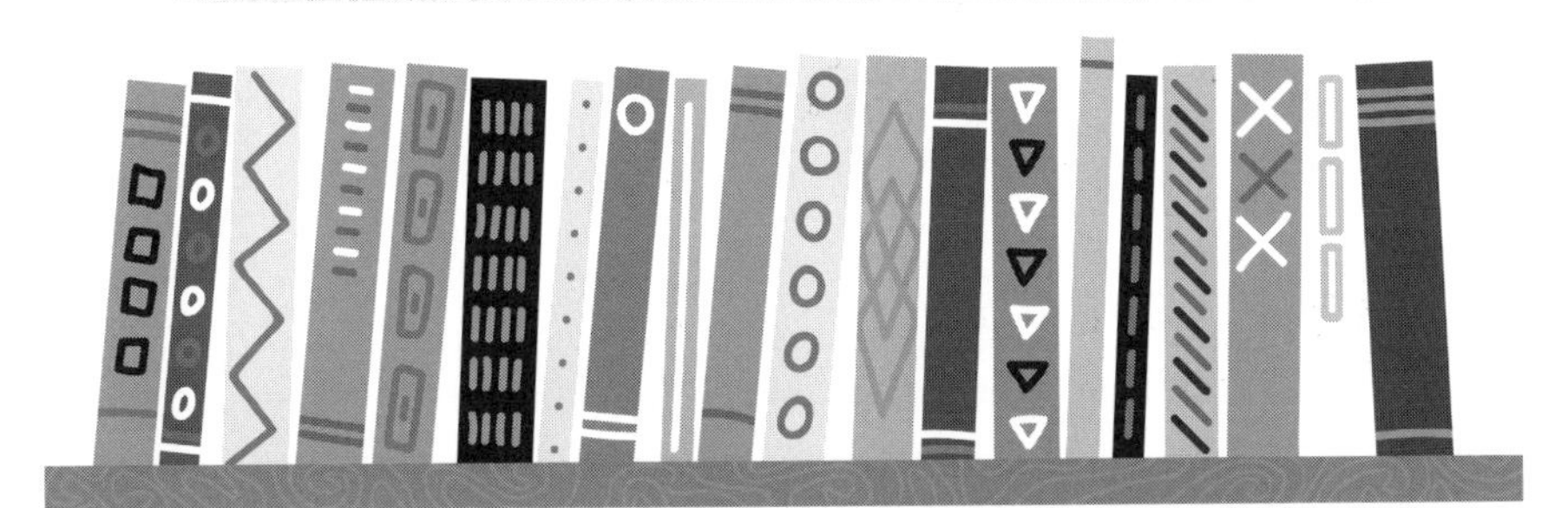

たんぽぽの
ちえ

2年

順序を表す言葉を基にして考えさせる発問

春になって、たんぽぽが咲いてからしおれるまでを説明しているシーン。「二、三日たつと」「だんだん」「そうして」という順序を表す言葉に着目させます。

A 発問

第二段落の順序を表す言葉は何でしょうか。

B 発問

たんぽぽの花のじくが地面にたおれるのは、春・夏・秋・冬のいつですか。

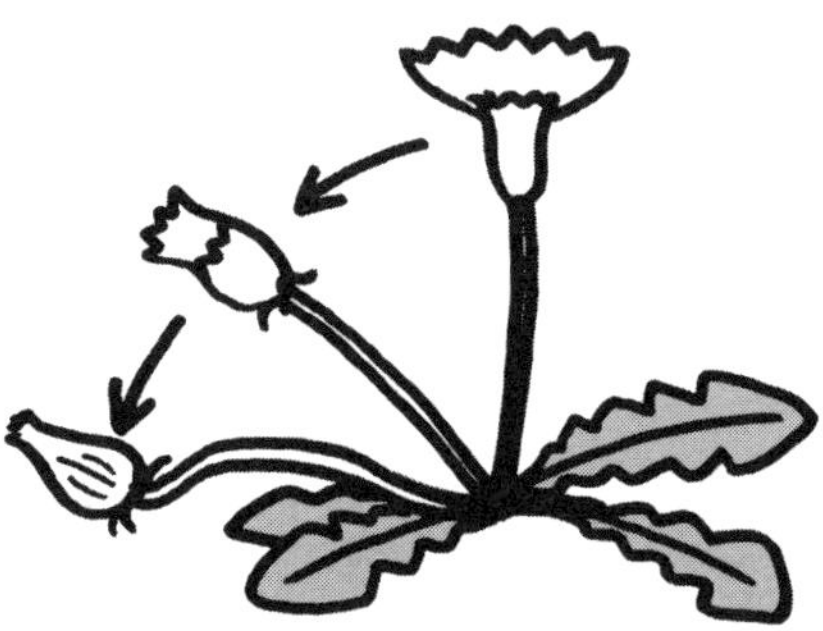

ヒント より考えようとする発問は。

＼答え／

Ｂ　たんぽぽの花のじくが地面にたおれるのは、春・夏・秋・冬のいつですか。

解説

論理的に考える力

どちらも順序を表す言葉に着目させようとしています。「二、三日　たつと」「だんだん」「そうして」などの言葉に、子どもたちは着目するでしょう。Ａはそれらの言葉を探すのが目的です。

Ｂはそれらの言葉を根拠にして時系を考えるのが目的です。Ｂの方が、「だから」という論理的思考を用います。そのような発問によって論理的思考力を養うことも大事です。

POINT

順序を表す言葉という学習用語を教えることも大事な教科内容です。

たんぽぽのちえ

2年

文章の中心内容を読み取らせる発問

たんぽぽの花は、二、三日でしぼんで黒っぽくなります。その後じくはたおれてしまいますが、これは「たんぽぽのちえ」だと読み取れます。

A 発問

第二段落に「たんぽぽのちえ」はいくつ書かれていますか。

B 発問

二、三日たった時の「たんぽぽのちえ」を文章の中から見つけましょう。

ヒント 答えがぶれにくいのは。

＼答え／

A　第二段落に「たんぽぽのちえ」はいくつ書かれていますか。

解説

数を聞くと内容が整理できる

第2章8節でも確認した通り、「いくつ」と数を聞くと、答えがぶれにくくなります。「2つ」とか「3つ」などと答えられ、2つと3つの中間といった答えはありません。Aの発問では、答えが「一つ」「2つ」「3つ」と分かれるでしょう。

そうしたら、その理由を考えさせましょう。理由を考えることで、「たんぽぽの　ちえ」の内容をより深く読み取ることができます。理由を検討し話し合いになれば、授業も盛り上がりますね。これに対しBの発問では、子どもの回答にぶれが出て、その後の話し合いが分かりにくくなってしまいます。

POINT

話し合いの授業を展開するには、それぞれの子どもの立場をはっきりさせるとよいでしょう。

たんぽぽの
ちえ

2年

文章の構造に気付かせる発問

たんぽぽは、黒くしぼんで地面にたおれてしまいますが、これには理由があります。これについて子どもに読み取らせると……。

A 発問

たんぽぽがたおれる理由は何でしょうか。

B 発問

たんぽぽがたおれる理由は、たねに栄養を送るためですか、たねを太らせるためですか。

ヒント 読み過ごしに気付かせるには。

＼答え／

B　たんぽぽがたおれる理由は、たねに栄養を送るためですか、たねを太らせるためですか。

解説

問うことで気付かせる

Ｂの発問で問われていることは、あらためて問われないと、読み過ごしてしまうところです。実際、どちらの理由なのか、大人でも考え込んでしまうでしょう。

論理構造としては、太らせるために栄養を送っているとなりますから、最終的な理由はたねを太らせることにあるといえます。しかし、太らせるという表現を比喩と考えれば、2つの理由は同格と考えることもできます。ここは後者と考えて、話し合いをした方が、単にたおれる理由を考えさせるよりも考える力が育ちます。

POINT

Ａの発問をして自由に答えさせ、その上でＢの発問をしてもよいでしょう。

文章の中心内容を読み取らせる発問

一度たおれたたんぽぽは、また起き上がります。これについて子どもたちに考えさせながら読み取らせましょう。

A 発問

「このころ」になった時、花はどんな「たんぽぽのちえ」を使うのでしょうか。

B 発問

この段落、ふしぎなことが起こります。どんなことでしょうか。

ヒント 子どもたちに分かりやすい方を選ぶと。

＼答え／

A「このころ」になった時、花はどんな「たんぽぽのちえ」を使うのでしょうか。

解説

ぶれない言葉で問う

発問Bの「ふしぎなこと」という言葉は、子どもたちのハートをくすぐり、学習意欲を高めるかもしれません。しかし、「ふしぎ」という言葉は、子どもたち一人一人によっては、少しずつ受け取る意味が変わってしまいます。そのような言葉で発問をした場合、正しい答えか否かを判断する基準が明確にできない可能性があります。

なので、この場合は、Aのように意味が明確な発問に軍配が上がるでしょう。

POINT

それでもBのような言葉を使って発問し、授業を楽しむのもたまにはよいでしょう。

たんぽぽのちえ

2年

筆者の主張を読み取らせる発問

A 発問

何のために、たんぽぽのちえはあるのですか。

B 発問

何のために、たんぽぽはちえをはたらかせるのでしょうか。

ヒント どちらが子どもに分かりやすいか。

最後の部分を読み取らせる発問です。「あちらこちらに　たねをちらして、あたらしい　なかまをふやす」とありますが……。

＼答え／

B　何のために、たんぽぽはちえをはたらかせるのでしょうか。

解説

子どもに理解しやすい問い方をする

発問Bは、たんぽぽを擬人化している発問です。この教材そのものが、たんぽぽを擬人化して書いています。ですから、その流れで発問した方が、子どもにとっては分かりやすいのです。

発問Aも発問Bも、「たんぽぽのちえが何のためにあるのか」という筆者の主張を、読み取らせようとしています。目的が同じなので、答えやすい発問の形の方がいいのです。

POINT

とはいえ時々は発問Aのような表現の問いを発して、難しい表現にも慣れさせましょう。

たんぽぽのちえ

2年

文章の構成に着目させる発問

文章中、たんぽぽのちえは、４つ紹介されています。全体をつかませるために、構成について考えさせる発問を考えましょう。

A 発問

たんぽぽのちえを紹介する順番は、変えてもいいですか。

B 発問

最初のたんぽぽのちえと最後のたんぽぽのちえを反対にしてもいいですか。

たんぽぽのちえ

① 花がしぼんでじくがたおれる
② わたもができる
③ じくがおき上がりせいを高くする
④ 天気の悪い日はわたもがすぼむ

ヒント 広い範囲と狭い範囲に気付かせるには。

B　最初のたんぽぽのちえと最後のたんぽぽのちえを反対にしてもいいですか。

解説

焦点化のメリット

どちらの発問も、時間の順序に従って書かれていることに着目させようとしています。同じ内容の発問ですので、形式としてどちらが適切かということです。Ａの発問は教材全体を見て考えさせています。

これに対してＢの発問は、最初と最後にしぼって考えさせています。どちらかといえば、しぼって焦点化した方が、子どもにとって考えやすいでしょう。実際に最初と最後を入れ替えて読んでみることもできます。

POINT

難しい発問も対象をしぼると答えやすくなります。

すがたをかえる大豆

私たちがほとんど毎日口にしている食品の中に、
大豆がある。
大豆はダイズという植物のたねだが、
いろいろな形に調理されるので、
食べられていることに気付かないことも多い。
大豆の食べ方としては、まずそのまま煎ったり煮たりする例がある。また、きなこのように、粉に引いて食べることもある。
さらに、豆腐のように栄養だけを取り出す食べ方や、
納豆・味噌・しょう油のように、
微生物を使って違う食品にして食べる方法もある。
また、枝豆のように取り入れ時期を変えたり、
もやしのように育て方を工夫したりして食べることもある。
大豆は栄養豊富で味もよく、やせた土地にも強いことから
多くの地域で植えられ、先人の知恵によって、
食べ方が工夫されてきた。

中学年の説明文教材で発問をつくる上でのポイント

文章全体の構成や、段落と段落との関係
（問いと答え、筆者の考えとその理由や事例）について問う。

段落中での中心となる語や文について問う。
適切な見出しや適切な要約について問う。

言葉の意味や使い方について問う。
主語と述語、修飾語と被修飾語との関係、
指示語の内容などを問う。

3年

すがたをかえる大豆

言葉の意味を深く考えさせる発問

言葉について注目させるのも大切です。「すがたをかえる大豆」では「さまざまなざいりょうが調理されて」……とあります。このような、意味の似た言葉は発問のチャンスです。

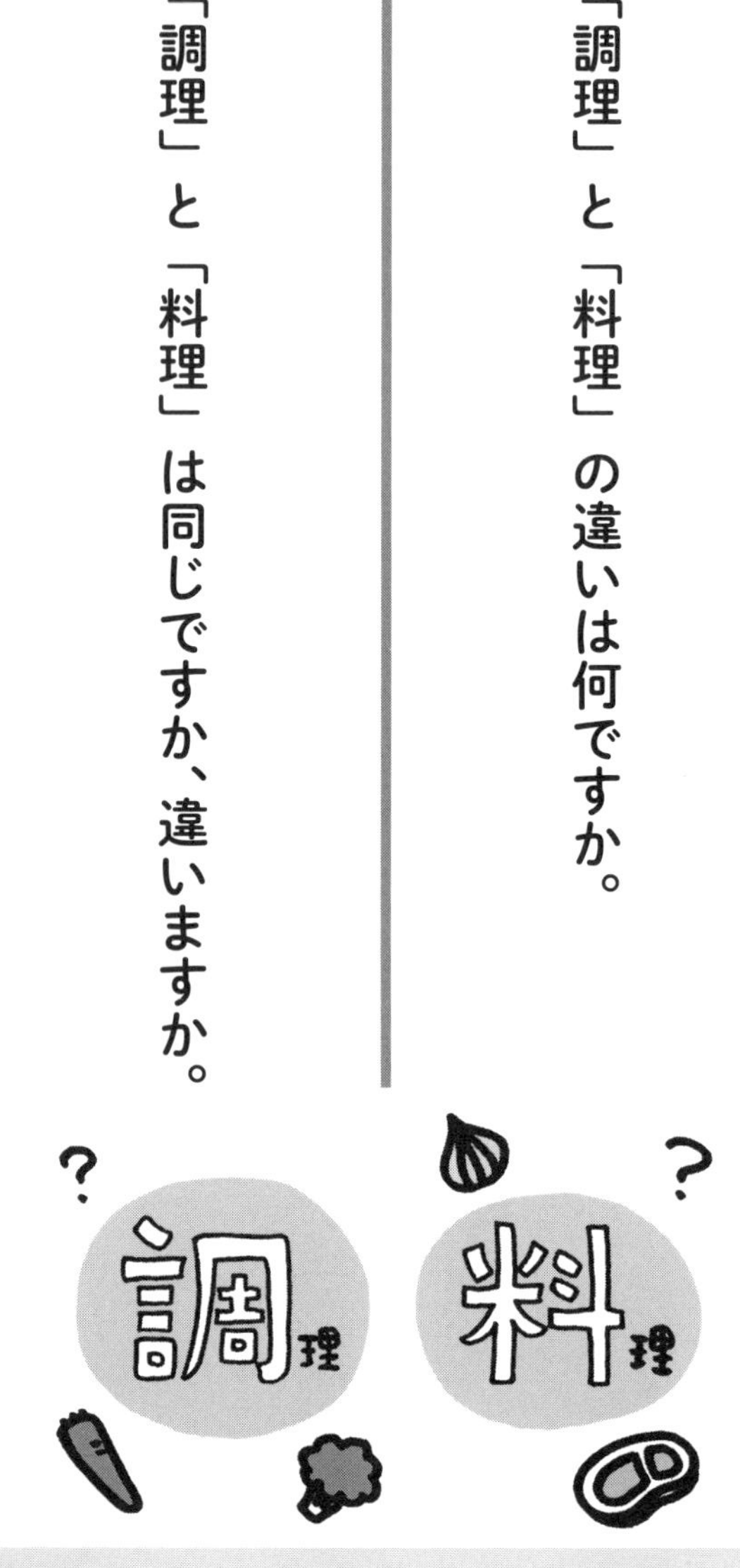

ヒント　分かりきった発問はしない。

＼答え／

Ａ「調理」と「料理」の違いは何ですか。

解説

拡散してから収束させる

発問Ｂも、「調理」と「料理」の違いを考えさせる発問と言えなくもないでしょう。ただ、発問Ｂで「同じ」と答える子はほとんどいないと思います。文字、漢字が違っているからです。

したがって、発問Ｂを問うた後に、当然、「では何が違いますか。」と問うことになります。すると、発問Ａと同じということになります。なので、最初から発問Ａのような淘汰法の方がスッキリします。

POINT

子どもたちが発問に慣れていないうちは、発問Ｂから入るのもいいでしょう。

3年

すがたをかえる大豆

筆者の考えと理由の関係を読み取る発問

大豆が意外にも食卓に上る機会が多いにも関わらずあまり知られていないのは、「いろいろな食品にすがたをかえている」からといいます。

A 発問

毎日のように大豆を口にしていることに気付かないのはなぜですか。

B 発問

「意外と知られていません。」の後に言葉を入れるとすると、何という言葉が入りますか。

ヒント　間接的に考えさせる。

Ｂ　「意外と知られていません。」の後に言葉を入れるとすると、何という言葉が入りますか。

解説

多少の抵抗感が意欲を高める

発問Ａがよくないということではありません。どちらも、「筆者の考え」と「その理由」との関係を読み取らせようとしています。

発問Ａはそれを直接「なぜか。」と問うています。それに対して発問Ｂは、「なぜなら」という言葉に結びつけさせようとしています。この場合、発問Ｂには多少の難しさがあります。３年生であれば、Ａのような問いはいまいち物足りないでしょう。Ｂに含まれるその難しさが、かえって子どもたちの学習意欲をかきたてるのです。

POINT

わずかでも間接性を意識すると、よい発問が生まれます。

すがたをかえる大豆

3年

論理的な関係理由を読み取らせる発問

この教材のメインテーマである「大豆がすがたをかえる」理由は4つあります。その部分を読み取らせる時、ちょっとした工夫をすると、学習が深まります。

A 発問

大豆を加工するのはなぜですか。理由を4つ書きなさい。

B 発問

大豆がいろいろな食品にすがたをかえていることが多いのはなぜですか。4つ書きましょう。

変身

大豆ちゃん

ヒント 発問の言葉に着目。

＼答え／

Ａ　大豆を加工するのはなぜですか。理由を４つ書きなさい。

解説

難しい言葉もあえて使う

発問Ａも発問Ｂも同じことを問うています。

文中で「いろいろな食品にすがたをかえている」と表現していることを、発問Ｂではそのまま使っています。

これに対して発問Ａでは、その部分を「加工」と言い換えています。言い換えることでとまどう子もいるかもしれませんが、難しい言葉をあえて使うことも、国語の授業では必要なことです。

POINT

言い換えをする場合は、その言葉の意味を事前に確かめておく必要があります。

具体例を細かく読み取らせる発問

大豆がどのように調理・加工されているかをまとめた部分。3年生ですから、ひとひねり加えて読み込ませたいものですが、分かりやすく、そして深めやすい発問にする必要があります。

A 発問

大豆をおいしく食べる工夫と変容後の姿を表にまとめましょう。

B 発問

おいしく食べる工夫の中で、二番目に時間がかかるものはどれですか。また、一番、時間がかからないものはどれですか。

ヒント 限定する発問を。

＼答え／

B　おいしく食べる工夫の中で、二番目に時間がかかるものはどれですか。また、一番、時間がかからないものはどれですか。

解説

限定した一部を問う

発問Bはいくつか限定して問うています。一つは「二番目」と指定していることです。もう一つは、答えが「ひとつ」しかないということです。

このように限定して問うと、子どもたちにとって基準がはっきりしていて分かりやすいのでよいでしょう。その上で、その答えを考えるためには、全部の工夫を丹念に読み取らなければなりませんので、子どもたちは読み込みます。

POINT

発問Aのように表にする場合、つくって終わりではなく吟味することが必要です。

文章の構成を読み取らせる発問

「すがたをかえる大豆」は、
「はじめ」…形式段落1・2、
「なか」……形式段落3・4・5・6・7、
「おわり」…形式段落8（筆者の主張）
という構造です。

A 発問

結論が書かれている段落は、何番目ですか。

B 発問

「はじめ」「なか」「おわり」に分けると、どこで分けられますか。

ヒント 型に注目。

\ 答え /

B 「はじめ」「なか」「おわり」に分けると、どこで分けられますか。

解説

説明文の構成の理解

説明文の構成を理解させることは大事なことです。構成を理解することで、筆者の主張がどこにあるか見当をつけることができます。中学年で理解する「はじめ」「なか」「おわり」は、高学年で学習する「頭括型」「尾括型」「双括型」と合わせて、文章の理解を容易にすることができます。

ここでは、基本にのっとって、説明文の文章の構成を読み取らせることが大事です。それが自然に意識できるようになると、発問Aをいきなり問うても、子どもたちが見当をつけることができるようになるでしょう。

POINT

構成を読み取る活動は、単元の中で何度も繰り返して印象づけるようにします。

すがたをかえる大豆

3年

筆者の主張を読み取らせる発問

筆者は後半、大豆という食材の魅力と歴史をまとめています。ここについて、子どものレベルに合わせ発問を工夫します。

A 発問

最後の段落で、筆者の考えがよく表れているのはどの文ですか。

B 発問

文章の内容を、「大豆・加工・ちえ」という言葉を使って、30字以内でまとめるとどうなりますか。

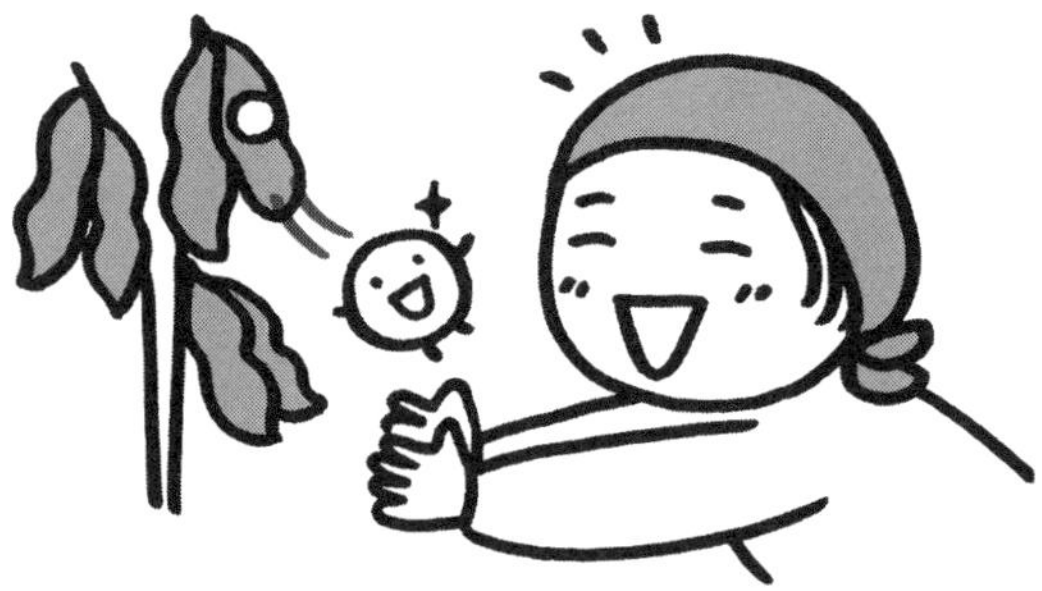

ヒント 作業内容と子どもの力とのバランスとは。

答え

A　最後の段落で、筆者の考えがよく表れているのはどの文ですか。

解説

限界の中の最善を目指す

発問Bも、キーワードが示されていて、30字と限定されているので、作業としてはやりやすいかもしれません。

作業はやりやすいのですが、考えるのは難しそうです。発問Aは、文を一つ選ぶだけですので、誰でもできます。しかし、それだけでは、筆者の主張がそれで指摘できるかといえば、難しいかもしれません。

ここは子どもたちの実態を見ながら、手厚く授業をしていくところですね。

POINT

筆者の主張は本来一つなので、その一つを指摘できればいいのです。

ごんぎつね

山の中のほら穴に住んでいる、
いたずら好きの小ぎつねのごんは、ある日、
兵十が川でとったうなぎをいたずらで逃がしてしまう。
後日、兵十の家の葬式を知ったごんは、
亡くなった母親に食べさせてやる
うなぎだったのではないかと悔やみ、
兵十に償いを始める。
まず、いわし屋のいわしを盗み、兵十の家に
投げ込むが、それが元で兵十はいわし屋に殴られる。
そこで、ごんは、山で栗や松茸をとり、
それを兵十の家に密かに置いてくる。
兵十に神様の仕業かもしれないと思われて
がっかりするごんだったが、その後も栗や松茸を届け続けた。
しかしついに、栗を兵十の家に置いて出ようとした
瞬間を兵十に見つかり、火縄銃で撃たれてしまう。

中学年の物語文教材で発問をつくる上でのポイント

登場人物の行動や心情について、
文章には書かれていないけれども、
因果関係を考えれば想像できることについて問う。

登場人物の行動や気持ちについて、
文章に書かれていない部分のイメージを問う。

言葉の意味や使い方について問う。
主語と述語、修飾語と被修飾語との関係、
指示語の内容などを問う。

4年

ごんぎつね

登場人物による見方の違いを確かめる発問

ごんは畑のいもを掘り散らしたり、干してある菜種がらに火をつけたり、百姓家の裏手につるしてあるとうがらしをむしり取ったりしています。

A 発問

ごんはどんないたずらをしましたか。

B 発問

ごんのしたことを、村の人たちはいたずらだと思っていたでしょうか。

ヒント いたずらという語の意味を考えさせる。

B　ごんのしたことを、村の人たちはいたずらだと思っていたでしょうか。

解説

視点を変えて見る

物語を読む時、子どもたちは読者として登場人物の行動や心情を読み取ります。でも、それだけでは、登場人物相互の関係を読み取るには不十分です。

そこで、登場人物同士が、どのように相手を見ているのか、相手のことをどう思っているのかを考えさせることが必要になってきます。つまり「視点を変えて見させる」ということです。

発問Ａは、子どもたちの主観だけを問うていますが、発問Ｂは、ごんの行動を村人の視点で考えさせています。

POINT

他者視点の発問を何度もやっていると、ややこしくて分かりにくくなるので気を付けましょう。

ごんぎつね

4年

細部にこだわって読ませる発問

秋の日のこと、ごんは、二、三日降り続いた雨の影響で、「外へも出られず、あなの中にしゃがんでいた」シーン。細部に気付かせ、話し合いに持っていくには……。

A 発問

「外へも出られない」と「外に出られない」との違いは何ですか。

B 発問

穴は大きいですか、小さいですか。

ヒント 話し合いにつなげるには。

＼答え／

B　穴は大きいですか、小さいですか。

解説

選択させる問いで話し合う

発問Aは、助詞「も」が入っていることで、どのような意味の違いが表現されているかを問う発問で、細部にこだわって読む意識を育てることができます。発問Bは選択式の発問で、穴の大きさの根拠を文章から見つけさせることで、文章に即して読むという意識を育てることができます。

話し合いにつなげやすいという前提で考えると、発問Bの方が話し合いにつなげやすいでしょう。発問Aの場合は、子どもたちから出された答えの中で、選択肢をさがさねばなりません。

POINT

Aの発問でも、卓越した授業技術があれば話し合いにつなげることも可能です。

4年

ごんぎつね

登場人物のようすから場面の情景を読み取らせる発問

月のいい晩。ぶらぶらしていたごんは、兵十と加助が栗や松茸の話をしているのを小耳にはさみ、話の続きが聞きたくなって後を付けるが、加助が後ろを見る。ごんは、びくっとして……。

A 発問

ごんは二人の近くをついていきましたか、それとも距離をとってついていきましたか。

B 発問

「ごんはびくっとして、小さくなって立ち止まりました。」
この時のごんの心の声を書きましょう。

ヒント ごんの心情がより想像できるのは。

＼答え／

A　ごんは二人の近くをついていきましたか、それとも距離をとってついていきましたか。

解説

間接的に考えた方が分かる場合がある

発問Bは、ごんの心情を直接考えさせています。見つかったらひどい目に遭わされると思いながら、びくびくしてついていくごんの心情に気付かない子もいるかもしれませんので、このように問うことは悪くはありません。

これに対して発問Aは、一見すると心情の読み取りには関係がないように思えるかもしれません。しかし、この問いに答える過程で、ごんの置かれた立場やその場での心情を考えるでしょう。

このように間接的に考えた方が、的(まと)に近づきやすいこともあるのです。

POINT

間接的に問う場合、子どもたちがより深く読み取ることに慣れている必要もあります。

ごんぎつね

4年

クライマックスの心情を読み取らせる発問

兵十は、うら口から家に入ってきたごんを見つけました。「またいたずらをしに来たな」。そう思って立ち上がり、火縄銃を手に取る場面。どう読み取らせたいでしょうか。

A 発問

兵十は、うら口から中へ入ったごんを見て、どう思って、何をしましたか。

B 発問

「ようし。」の後の兵十の心の声を書きましょう。

ヒント どちらが心情を深く読めるか。

＼答え／

B「ようし。」の後の兵十の心の声を書きましょう。

解説

書かれていないことを問う

「ようし。」の後には、「兵十は立ち上がって、なやにかけてある火なわじゅうを取って、火薬をつめました。」と書いてあります。

発問Aのように問うと、子どもたちはそこに目を向けます。それは大事なことですが、書いてあること以外のことを考えようとしなくなります。答えを見つけて安心してしまうのです。

発問Bのように、書かれていないことを問えば、状況から深く考えようとします。このため、Bの発問の方が、子どもたちのより深い思考を引き出せるといえるでしょう。

POINT

書かれていることを根拠に、書かれていないことを読み取ることが大事です。

4年

ごんぎつね

気持ちの変化を読み取らせる発問

「ごんぎつね」クライマックスの場面。兵十は、ごんを撃った後、ごんが栗などを置いてくれていたことに気が付きます。
ここは深く考えさせたいところですが……。

A 発問

ごんが栗をくれたことに、兵十が気付いたのは何ページ何行目ですか。

B 発問

ごんに対する兵十の気持ちが変わったのは、何ページ何行目ですか。

ヒント ぶれのない発問とは。

＼答え／

Ａ　ごんが栗をくれたことに、兵十が気付いたのは何ページ何行目ですか。

解説

発問がぶれると答えもぶれる

どちらも文章を深く読み取らせ、心情を深く考えさせるよい発問です。ただ、発問Ｂは「気持ちが変わったところ」と問うています。この問い方がややあいまいです。「気持ちが変わった」という現象のとらえ方が、子どもたちにとってずれがあるからです。こういうずれがない方が、答えの検証がやりやすいのは言うまでもありません。

Ａの場合は、「栗をくれたことに気付いたところ」としていて、ぶれが全くありません。このように、なるべくぶれのない言葉で問うことが大事です。

POINT

わざとあいまいさを残して、多様な答えを出させる話し合いをすることもあります。

ごんぎつね

4年

登場人物の心情を読み取らせる発問

「ごんぎつね」の印象的な最後の場面です。「兵十は、火なわじゅうをばたりと、取り落としました。青いけむりが、まだ、つつ口から細く出ていました。」という一節をふまえ、どう考えさせたいでしょうか。

A 発問

最後の場面、ごんは幸せでしょうか、それとも不幸でしょうか。

B 発問

最後の場面、ごんは嬉しかったと思いますか、悲しかったと思いますか。

ヒント 抽象の度合いを学年に合わせる。

＼答え／

B　最後の場面、ごんは嬉しかったか、悲しかったと思いますか。

解説

抽象度が高すぎてもよくない

「幸せか不幸か」という選択肢と「嬉しいか悲しいか」という選択肢では、前者の方の抽象度が高くなっています。それが一口に言って悪いかどうかは難しいところです。

しかし、４年生のような小さい子どもの場合、抽象度が高くなればなるほど、教材文との結びつきをさがしにくくなり、その結果、自分の思い込みだけで答えてしまいがちです。

程度の差はありますが、あまり抽象度を上げない方がよいでしょう。

POINT

６年生になれば、ある程度抽象度の高い発問も可能です。

大造じいさんとガン

ガンの狩人である大造じいさんは、いつの頃からか、残雪と名付けられた利口なガンによって、一羽のガンも捕れなくなり、いまいましく思っていた。そこで、残雪の鼻を明かしてやろうと、いくつかの作戦を考える。第一は、エサをばらまいた場所に、エサを付けたうなぎ釣り針をしかけておくというもので、初回はうまくいき一羽のガンを生きたまま手に入れる。しかし、二度目は残雪に見破られる。第二はエサを何日もばらまいて餌付けし、小屋からねらおうとするが見破られる。第三は、おとりのガンを口笛で呼び寄せ、つられて追ってきたガンを撃つというものだったが、おとりのガンがハヤブサに襲われてしまうという予想外のことが起きる。そこへ、残雪が命がけで助けに入り、ハヤブサと死闘を繰り広げる。残雪の気高い姿に胸を打たれた大造じいさんは、残雪を保護し、翌春放してやる。

高学年の物語文教材で発問をつくる上でのポイント

登場人物の行動や心情に加えて、登場人物同士の関係について、
文章には書かれていないけれども、
因果関係を考えれば想像できることを問う。

登場人物の性格や考え方、物語のテーマなどについて、
特に描写から読み取れることを問う。

抽象的な語、非日常的な語についても、
語感や意味、用法を問う。指示語の指示内容や、
語と語、文と文との連接関係を問う。

登場人物同士の関係を読み取らせる発問

大造じいさんは「残雪」が来るようになってから「一羽のガンも手に入れることができなく」なったので、今年こそはと、「かねて考えておいた特別な方法」に取りかかります。冒頭の場面から、子どもにどう考えてもらいたいでしょうか。

A 発問

一羽のガンを生け捕る前、大造じいさんは、残雪にプラスの印象をもっていますか、マイナスの印象をもっていますか。

B 発問

一羽のガンを生け捕る前、大造じいさんは残雪のことをどう思っていましたか。

ヒント 子どもたちが答えやすい形式は。

＼答え／

A　一羽のガンを生け捕る前、大造じいさんは、残雪にプラスの印象をもっていますか、マイナスの印象をもっていますか。

解説

選択させてから深く読み取らせる

選択式の発問というのは、直接的に答えを出させるのが容易です。そのため、子どもたち全員が授業に参加することができます。発問Bが悪いわけではありませんが、Bのような問いには答えを用意できない子もいるでしょう。

そこで、発問Aのように問うて、プラスかマイナスが選ばせることで授業に参加させます。それから、その理由を考えさせれば、読み取りは深まります。二段階なので、理由を読み取れなかった子も、関心をもって他の子の答えを聞くことができます。

POINT

どう思っていたかと問われて、全員が答えられる学級が理想です。

情景描写から心情を読み取らせる発問

大造じいさんの計画は、一日目にうまくいき、一羽のガンを手に入れました。そこでじいさんはより多くの釣り針をばらまいておき、翌日、同じ時刻に出かけます。「秋の日が、美しくかがやいていました。」。

A 発問

『秋の日が、美しくかがやいていました。』から読み取れる大造じいさんの気持ちはどれですか。

① 秋の太陽はきれいだな。
② 昨日よりもたくさん捕まえるぞ。
③ 今度もうまくいくだろう。

B 発問

なぜ、大造じいさんには「秋の日が、美しくかがやいて」いるように見えていたのでしょう。

ヒント 子どもたちの読解力の向上を見る。

＼答え／

B　なぜ、大造じいさんには「秋の日が、美しくかがやいて」いるように見えていたのでしょう。

解説

臨機応変も大事な構え

発問のセオリーにのっとるなら、選択式の発問Ａがいいでしょう。その方が子どもたちも答えやすいですし、選択肢の中にすでに多くの学びが込められてもいます。

しかし、ここはあえて発問Ｂのように問うてもよいのではないかと思います。５年生としての国語の授業も中盤から後半にかかっているでしょう。この時期に、「なぜ」という問いに、どの程度子どもたちが答えられるか、見てみたいものです。

つねに多面的多角的に見て判断することが発問づくりでも大事なことです。

POINT

素材研究をし、子どもたちの実態を見極めて発問を選択することが大事です。

大造じいさんとガン

5年

根拠を基に登場人物の心情を読み取る発問

大造じいさんの考えた特別な方法は、一度目は成功して一羽のガンを手に入れられましたが、二度目は残雪にうまくやられ、失敗に終わり、「思わず感嘆の声」をもらしました。

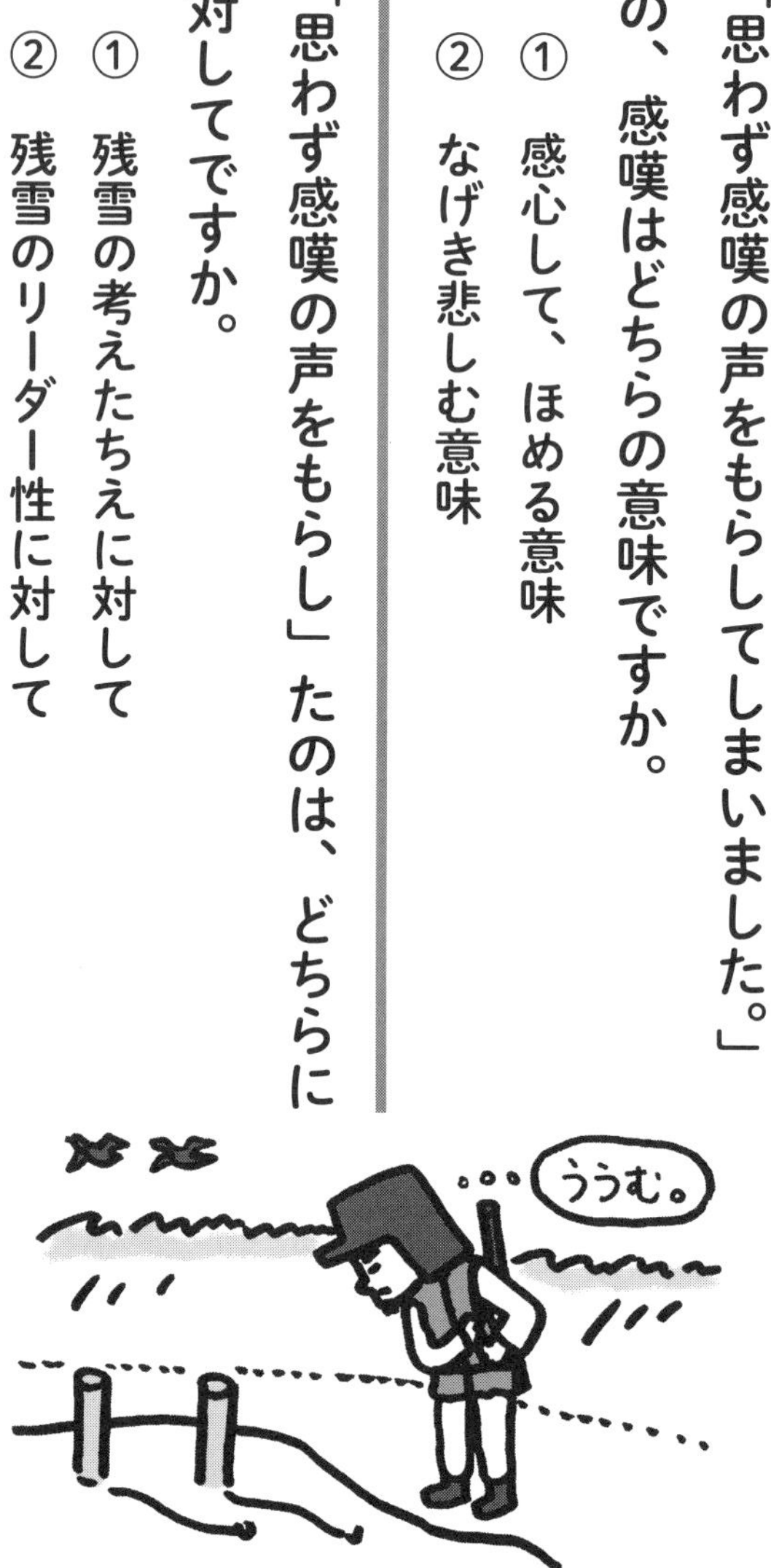

A 発問

「思わず感嘆の声をもらしてしまいました。」の、感嘆はどちらの意味ですか。

① 感心して、ほめる意味
② なげき悲しむ意味

B 発問

「思わず感嘆の声をもらし」たのは、どちらに対してですか。

① 残雪の考えたちえに対して
② 残雪のリーダー性に対して

ヒント 深く考えさせる発問とは。

B

「思わず感嘆の声をもらし」たのは、どちらに対してですか。

①　残雪の考えたちえに対して

②　残雪のリーダー性に対して

解説

前提を決めて問う

発問Aは「感嘆」の意味を問うていますが、その理由を考えることを通して、大造じいさんの心情を場面に即して読み取らせようとしています。

発問Bも同じなのですが、発問Aと違うのは、感嘆の声を「感心して、ほめる意味」ととらえるという前提に立って考えさせようとしています。

選択肢の内容に明確な差がない分、発問Bの方がより深く考えさせる発問になっています。

POINT

子どもたちの読みのレベルがどれくらいなのかを見極めて発問します。

5年

大造じいさんとガン

表現の違いから心情の変化を読み取らせる発問

大造じいさんは、「ううむ」と「ううん」の2種類の声を描写されています。それぞれの場面での心情を読み取らせるための発問です。

A 発問

第一場面の「ううむ。」と、第二場面の「ううん。」では、どちらの気持ちが強いでしょうか。

B 発問

第一場面の「ううむ。」と、第二場面の「ううん。」では、どちらを強く読んだらいいでしょうか。

ヒント 選択式と間接的問いのダブル視点で。

B　第一場面の「ううむ。」と、第二場面の「ううん。」では、どちらを強く読んだらいいでしょうか。

解説

活動させると明確になる

発問Bは、どちらを強く読むかという選択式の発問です。しかし、それはAも同じです。発問BがAより優れているのは、選択式であるというだけでなく、「強く読む」という音読活動をさせることで、その背後にある大造じいさんの心情を考えさせようとする、間接的な発問でもあるところです。

しかも、音読という活動を通せば、考えがはっきりしますし、聞いている子どもたちにも、よく分かります。

POINT

答えは言葉で発表するだけでなく、絵や図にしたり、動作化したりするという方法もあります。

5年

大造じいさんとガン

登場人物の内面の葛藤を読み取らせる発問

大造じいさんの飼っていたおとりのガンは、野鳥としての本能が鈍り、逃げ遅れてハヤブサの攻撃を受けましたが、そこに残雪が助けに入りました。そこでじいさんは、何と思ったか、銃を下ろしてしまいます。

A 発問

「再びじゅうを下ろしてしまいました。」とありますが、「下ろしました。」ではなく、「下ろしてしまいました。」と表現したのはなぜでしょうか。

B 発問

「が、なんと思ったか」とありますが、なぜ大造じいさんは銃を下ろしてしまったのでしょうか。

ヒント 教材内容と教科内容に注目。

Ａ　「再びじゅうを下ろしてしまいました。」とありますが、「下ろしました。」ではなく、「下ろしてしまいました。」と表現したのはなぜでしょうか。

解説

表現の意図を考えさせる

発問Ａは、大造じいさんの心情を読み取るために「しまいました」という言葉に着目させています。書き手がそのような言葉を用いた理由を問うているのです。このような発問が国語の授業でなされることはあまりありません。

しかし、なぜそのように表現したのかという、教科内容に関わる問いをすることで、子どもたちが表現に着目するようになり、自分の表現に生かせるようになります。

POINT

つねに、理解と表現をつなごうとする意識をもって指導したいものです。

特定の表現の登場人物の心情を読み取らせる発問

ハヤブサと闘った残雪は、ぐったりとしていましたが、大造じいさんを見ると、力を振りしぼって長い首を持ち上げ、じいさんを正面からにらみつけました。じいさんはその姿に「強く心を打たれ」ました。

A 発問

「大造じいさんは、強く心を打たれて」とあります。残雪の何に最も強く心を打たれたのですか。

B 発問

「大造じいさんは、強く心を打たれて」とありますが、大造じいさんは、どうしてこのように感じたのでしょうか。それが分かる文を3つ選びなさい。

ヒント 難易度によって思考力も伸びる。

＼答え／

Ａ　「大造じいさんは、強く心を打たれて」とあります。残雪の何に最も強く心を打たれたのですか。

解説

際立つことを問う

この場面で残雪を描写する文は４つあり、そのうちの一つは残雪がぐったりしている描写です。発問Ｂには、比較的容易に答えられるでしょう。

これに対して発問Ａは、それらのうちのどれに最も心を打たれたか、または残雪のどのような部分に心を打たれたかと問うています。

「最も〜な」ものを選ばせる発問は、子どもたちの思考を大いに刺激します。やや歯ごたえのある発問をすることで、子どもたちの思考力も伸びていきます。

POINT

「一番〜な」「最も〜な」という言葉は、発問をつくる上で便利な言葉です。

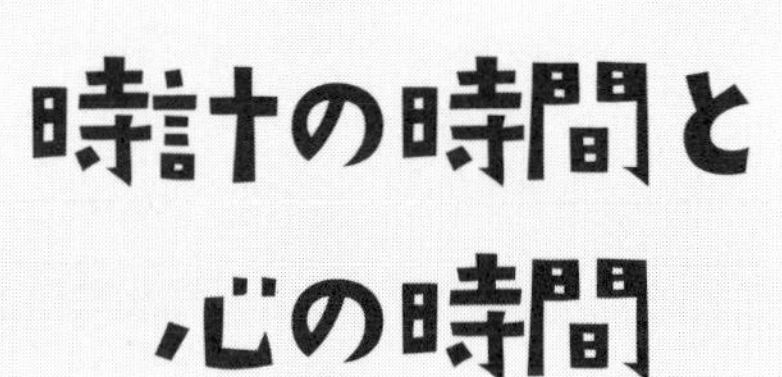

時計の時間と心の時間

私たちが毎日付き合っている時間には、「時計の時間」と「心の時間」とがある。「時計の時間」は地球の動きを元に定められ、いつ、どこで計っても一定である。

「心の時間」は私たちが体感している時間で、人によって進み方が異なる。例えば、楽しい時は時間のたつのが速く感じる。また、一日の時間帯によっても、昼よりも朝と夜の方が時間が速くたつように感じる。これは体の動きがよい昼は、時間が長く感じるからだ。さらに、物がたくさんある部屋の方が、受ける刺激が多いので、時間の進み方が遅く感じる。そもそも時間の感覚が人によって異なる。

このように、「心の時間」は人によって異なる。この違いを超えて、社会を成立させているのが「時計の時間」ということができる。

私たちは「心の時間」を頭に入れながら、「時計の時間」を道具として使うべきだという説明文。

高学年の説明文教材で発問をつくる上でのポイント

事実と感想、意見などとの論理関係の正誤や、
文章全体の構成や要旨について問う。

文章と文章中に用いられている図表との関係を明らかにしたり、
図表から分かることと記述内容との対応について問う。

抽象的な語、非日常的な語についても、
語感や意味、用法を問う。
指示語の指示内容や、語と語、文と文との連接関係を問う。

筆者の主張を読み取らせる発問

時間には「時計の時間」と「心の時間」という性質の違う2つの時間があり、「筆者」は「心の時間」に目を向けることが、重要と考えています。

A 発問

筆者の言いたいことはどちらの文ですか。
① そんな身近な存在である「時間」ですが
② そして、私は、「心の時間」に目を向けることが

B 発問

第一段落の中で、筆者の主張が表れている文はどれですか。

違うよ

同じ？

ヒント 発達段階を考慮すると。

＼答え／

B　第一段落の中で、筆者の主張が表れている文はどれですか。

解説

少しだけ難易度を高くする

発問Aも発問Bも、結局は同じ文を指摘することになります。発問Aは二択ですから、どちらかを選べはいいので比較的簡単です。

しかし、では発問Bが難しいかといえば、そうでもありません。第一段落には文が４つしかありませんので、四択の問題と考えることができます。選択式の問題なので、子どもたちが手も足も出ないということにはなりません。ただし、選択肢が多いのと、段落全体の中から探すという思い込みが、難易度を高くしています。

しかし、高学年になったら、少しずつ難易度を高くしていってもよいでしょう。

POINT

子どもたちの発達段階と実態とを考えながら、発問をつくるといいです。

時計の時間と心の時間

6年

事例・具体例について考えさせる発問

筆者は、「時計の時間」と「心の時間」の違いを、さまざまな例を使って説明していきます。本文の冒頭に出てくる内容ですが……。

A 発問

どのような具体例があげられていますか。箇条書きでまとめましょう。

B 発問

第三から第六段落は「事例」といいます。これらの事例にはどんな効果がありますか。

ヒント 現在の段階を考える。

答え

A　どのような具体例があげられていますか。箇条書きでまとめましょう。

解説

内容の読み取りを第一に

発問Aはどのような具体例があげられているのか、内容を読み取らせる発問です。発問Bはそれらの具体例がなぜあげられているのか、表現の意図を考えさせる発問です。

説明的文章でも、書かれている内容を正確に読み取り、その上で筆者の意図や表現効果を考えた方が理解しやすいということです。

ここではまず、内容の正確な読み取りをするとよいでしょう。この内容の正確な読み取りというのができた上で、Bのような発問をします。

POINT

正確に読み取るということは、いつでも国語の指導の基本です。

文章の型と筆者の主張との関係を考えさせる発問

「はじめ」…形式段落1・2⇩時間には「時計の時間」と「心の時間」がある
「なか」……形式段落3〜6⇩「心の時間」の具体例と、それらのまとめ
「おわり」…形式段落8⇩まとめ

A 発問

この文章の型は次のうちのどれですか。
①頭括型 ②尾括型 ③双括型

B 発問

筆者の主張は、文章のどの部分に表れていますか。

はじめ
頭括型
なか
尾括型
双括型
おわり

ヒント 知識を教えることは大事。

＼答え／

Ａ　この文章の型は次のうちのどれですか。

①　頭括型　②　尾括型　③　双括型

解説

何度でも繰り返して教える

発問Ａは、頭括型・尾括型・双括型の知識が子どもたちになければ、答えられません。すでにその知識を教えてあるという前提での発問ですから、正しく答えられて当然と思うかもしれませんが、知識は一度教えれば理解できるというものではありません。折に触れて何度でも教えることで定着します。

発問Ｂは型の知識を解説で取り上げる可能性はありますが、確実ではありません。

POINT

知識の教え込みを軽んずる風潮がありますが、知識はとても大事です。

具体例の特性を考えさせる発問

本文では、『心の時間』には、さまざまな事がらのえいきょうを受けて進み方が変わったり、人によって感覚がちがったりする特性がある」と説明されています。

A 発問

「心の時間」には、どんな特性がありますか。２つ書きましょう。

B 発問

「心の時間」の特性を参考にすると、「時計の時間」にはどんな特性があるといえますか。

ヒント 文章に書いてあることと書かれていないことに注目。

＼答え／

B「心の時間」の特性を参考にすると、「時計の時間」にはどんな特性があるといえますか。

解説

書かれていないことを論理的に考える

この教材では「心の時間」の特性が、「特性」としてはっきりと書かれています。それに対して「時計の時間」の特性は、はっきりとは書かれていません。

そこで、「心の時間」と「時計の時間」とを対比させて述べているということから、「時計の時間」を論理的に想像して考えることができます。

Ａの発問で聞いている「心の時間」の特性は、「これが特性です」と書いてあるのですぐに分かります。一方で、Ｂの発問のように「時計の時間」の特性を考えさせることで、論理的な思考力を育てます。

POINT

ただし、子どもたちが「心の時間」の特性を読み取れないなら、そこから始めることになります。

6年

時計の時間と心の時間

表現効果について考えさせる発問

本文中には、子どもたちに考えさせたい文章表現がいくつかあります。次のうちどちらを発問してみるとよいでしょうか。

A 発問

「〜か」と読者に呼びかけている文が見られます。それにはどんな効果がありますか。

B 発問

「一日の時間帯によっても、『心の時間』の進み方は変わります。」を、「『心の時間』の進み方は、一日の時間帯によっても変わります。」に変えてもいいですか。

ヒント 実際に文章を読んでみると分かる。

答え

B　「一日の時間帯によっても、『心の時間』の進み方は変わります。」を、「『心の時間』の進み方は、一日の時間帯によっても変わります。」に変えてもいいですか。

解説

発問の答えを考えておく

発問Aの「〜か」という部分は、教材文中に二ヶ所あります。はじめの文は、単純に読者に呼びかけるために「〜か」を用いています。これに対して後の文は、筆者の主張を述べ、同意を得るために「〜か」を用いています。

発問Aは、これを同じ効果として考えさせようとしているのですが、子どもたちはとまどってしまうかもしれません。発問の答えを考えておくと、このような答えにくい発問をつくらずにすみます。

POINT

それぞれどのような効果があるのかと問えば、よい発問になります。

6年

時計の時間と心の時間

筆者の考えに対する意見を書かせる発問

最後には、筆者の主張が書かれています。この文を正しく読み取らせ、考えさせるために、どんな発問が考えられるでしょうか。

A 発問

筆者の主張に対して、皆さんはどう考えますか。ノートにまとめましょう。

B 発問

皆さんは「時計の時間」と「心の時間」の、どちらが大事だと考えますか。また、その理由はなぜですか。

ヒント どこまで自由に書かせるかを考える。

＼答え／

B

皆さんは「時計の時間」と「心の時間」の、どちらが大事だと考えますか。また、その理由はなぜですか。

解説

範囲の広さは授業者裁量

発問Ａの場合、子どもたちはいろいろな事柄について自由に書くでしょう。筆者の主張といっても、要旨について書いたり、その具体例について書いたり、自分の体験を書いたりするからです。

これに対して発問Ｂの場合、制約があり、書かれる内容はしぼられてきます。制約があった方が書きやすい場合もあり、また答えが余りに多岐にわたることもありません。

POINT

子どもたちの実態を的確に把握しておくことも、発問づくりには大事なことです。

COLUMN 03

子どもに「授業興奮」を起こさせる

授業興奮という言葉はありません。しかし学級でも、授業が始まると子どもたちがだんだんと集中してきて、やがて夢中になって取り組むようになることがあります。これを、私の造語ですが授業興奮と呼んでいます。

これは6年生を担任していた時のことです。立松和平「海の命」の授業でした。

こう発問しました。「太一はおとうを超えることができたのか、できなかったのか」。

当時の私の授業は次のように進むことがほとんどでした。

1　発問を板書する。
2　子どもたちが発問に対する自分の考えをノートに書く。
3　子どもたちは自分の考えが書けたら、ノートを見せに来る。私はノートを見て、評価とアドバイスをする。
4　挙手により、意見の分布を調べて板書する。
5　子どもたちは、それぞれ周りの数人とノートを見せ合って意見交換をする。考えが変わってもよい。
6　再度意見の分布を調べる。
7　集団で討論をする。

授業が集団討論に入り、子どもたちからの意見がどんどん出始めました。しばらくすると、一人の男子児童が手を挙げて、「先生、熱いので上着を脱いでもいいですか。」と言いました。

授業中だろうと自由に脱いでいいのですが、その男子児童は討論に夢中になっていて、つい聞いてしまったのです。

まさに授業興奮でした。

おわりに

本書を読み終えて、どのような感想を持たれたでしょうか。

かなり役に立ってよかったという方もいれば、疑問が晴れない、納得できない、一言、物申したいと思っているといった方も、たくさんいらっしゃるのではないかと思います。よい発問の定義は難しいです。難しい理由は次の通りです。

まず、発問だけではその善し悪しが判断できず、子どもの反応とセットで考えられなければなりません。そうなると、子どもが同じでなければ比較になりません。ところが現実は、子どもはまちまちですから、同じ発問でも、ある学級では読解が深く進み、ある学級ではそうでもなかったということになります。これでは発問の善し悪しは分かりません。

また、子どもが意欲的に取り組んだとか、子どもの読みが深まったとか、子どもがよく考えていたとかという尺度は、主観的で恣意的で、比較することが難しいものです。勢い、それを見ていた人の感じ方やフレームに左右されることになってしまうのです。

それでもなお、難しいなりに、よい発問というのは確かにあります。

よい発問とは何か、よい発問はどのようにつくるのか。最後は、一人一人が追究していくことに価値があるのではないかとも思えてきます。私も本書を通過点と考えて、今後も発問について考えていこうと思っています。

山中伸之

●執筆協力者　※順不同　※敬称略

森田　智宏	大阪府公立学校
山本　幹雄	広島県私立学校
種田　友彦	広島県私立学校
山之口正和	大阪府教育関係機関
塚田　直樹	群馬県公立学校
内田　　聡	
槙原　鉄也	大阪府公立学校
永田　　彰	兵庫県公立学校
細川　勇貴	
小路健太郎	千葉県公立学校
河田　祐也	
村井　哲朗	広島県公立学校

●引用教科書一覧

『こくご一上』令和 2 年度版（光村図書）**:「おおきな　かぶ」**
本書における該当ページ P.6、60、62-63、66-70

『こくご二上』令和 2 年度版（光村図書）**:「たんぽぽの　ちえ」**
本書における該当ページ P.7、76-79、82-84

『国語三下』令和 2 年度版（光村図書）**「すがたをかえる大豆」**
本書における該当ページ P.8、90、92-95

『国語四下』令和 2 年度版（光村図書）**「ごんぎつね」**
本書における該当ページ P.9、26、28-29、35、45、106、108、110-114

『国語五』令和 2 年度版（光村図書）**「大造じいさんとガン」**
本書における該当ページ P.10、24-25、30-31、47、54-55、118、120-129

『国語六』令和 2 年度版（光村図書）**「時計の時間と心の時間」**
本書における該当ページ P.11、130、132、134、136、138、140-143

●著者紹介

山中伸之（やまなか　のぶゆき）

1958年生まれ。宇都宮大学教育学部卒。栃木県内の小中学校に勤務。
研究分野：国語教育、素材研究法、道徳教育、学級経営、「語り」の教育等。
東京未来大学非常勤講師、実感道徳研究会会長、日本群読教育の会常任委員。
著書：『忙しい毎日が劇的に変わる　教師のすごいダンドリ術！』『できる教師の叱り方・ほめ方の極意』『カンタン＆盛り上がる！　運動会種目101』（以上、学陽書房）、『全時間の板書で見せる「私たちの道徳」小学校１・２年』（学事出版）、『「聴解力」を鍛える三段階指導―「聴く子」は必ず伸びる』（明治図書）等多数。

国語の発問　いいのはどっち？
問いくらべ

2021年５月26日　初版発行
2022年２月３日　３刷発行

著　者　山中伸之（やまなかのぶゆき）
発行者　佐久間重嘉
発行所　学 陽 書 房

〒102-0072　東京都千代田区飯田橋1-9-3
営業部／電話03-3261-1111　FAX 03-5211-3300
編集部／電話03-3261-1112
http://www.gakuyo.co.jp/

イラスト／坂木浩子
ブックデザイン／スタジオダンク
DTP制作・印刷／精文堂印刷
製本／東京美術紙工

ISBN 978-4-313-65428-0 C0037
乱丁・落丁本は、送料小社負担にてお取り替えいたします。